北京市教委教学质量提高项目经费支持

中国纪实摄影家成长实录

中卷

宋靖 著

中国摄影出版社
China Photographic Publishing House

自　序

2016年，北京电影学院摄影学院建院20周年。从1989年在摄影系任教开始到摄影学院成立的20年里我一直在从事图片摄影教育工作，前不久，我和学院同事研讨教育工作时还谈起，我们这些人注定不能成为真正的摄影家，我们是摄影教育工作者，将来墓碑上也得这么写。这个身份，决定了我有一个不同于其他摄影家访谈书著者的立场和出发点，也决定了我能够有信心把这几十位不知被采访过多少次、不知多少次出现在各种报纸书刊中的人物的事迹重新发掘一遍而呈现给读者。

所以我选定这些摄影家，就是认定他们可以成为学习摄影的学生或是一般摄影爱好者的榜样、成功的楷模或是事业的目标吧，因为他们都是书写中国摄影史不可缺席的人物，无论评论界对他们的作品和成就是不是有不同的声音，他们的成功都代表了社会的认可，代表了他们用摄影的方式实现了个人的社会责任。因此，在这本书里，我不会评论他们的作品。对我来说，我的问题不是围绕他们的创作与作品，我不会设计好问题让那些摄影家说出心中的秘密、作品背后的秘密等等，我不是要去带领读者了解影像的奥秘。恰恰相反，我在和每一位摄影家开始对话时，首先要把我唯一的目的告诉对方，就是要和他们一起探讨摄影教育的问题，尽管不是每次都能给出明确的答案，但他们每个人不同的成长经历都会带给学生们启迪。应该感谢这些成名成家的摄影师，他们对我的理解、对摄影教育的关注、对年轻人的关心都令我感动，而且他们谈及的问题都很在点子上，给出的意见和建议都很中肯，我很欣慰可以把这些极其有益的教诲通过本书带给年轻读者。

具体地谈，我在多年的教学当中发现，摄影专业的学生往往对国外摄影名家如数家珍，但普遍地不熟悉甚至不知道很多中国的优秀摄影家，这种现象的危害性是显而易见的，问题亟待解决。一方面，我们摄影学院会通过在摄影史教学中加强中国摄影史的部分来纠正这种不正常的状况；另一方面，我想通过这本访谈录，让这些摄影家亲口讲出他们都是为什么做摄影、如何做摄影，以及如何有所成就的。摄影的这些问题对摄影师来说又是个人生、事业的选择问题，我相信，在我们共同的文化背景、社会背景下，这些中国摄影家的思考与选择应该会比国外的摄影家们对学生有更强的借鉴意义。说到底，教育就是要解决学生们关于我是谁、依靠谁、为了谁的问题，那么通过这些经历与成就不尽相同的摄影家，我要让学生领悟到其中共通的对这些问题的答案，我们是学习摄影、选择摄影作为实现自我手段的学生，我们要依靠我们身边的人和社会环境，我们的创作是为了服务社会、服务人民。

更长远来说，那些学生们所不知道的中国摄影家是支撑我们摄影史主线的人，而这些学生未来是要继承发扬我们的摄影事业乃至民族文化事业的，没有对自己摄影史的了解就很难唤起对自己摄影文化的认同和自信，也就更难自觉，所以这个矛盾的解决是更高层次的目标。

那么学生在认清楚了学习的大方向和长远目标之后，就要考虑如何实现自己的理想与目标。我在和这些摄影家的访谈中也强调了这点想法，每个成功的摄影家的经历中那些有重要意义的、需要做出选择和付之行动的关键点是不可错过的。我相信他们每个人都会有，他们也都毫无保留地谈出来了。其实，我书里的这些摄影家的经历还是很不一样的，而且可以说都是充满坎坷与波折的，当然也一定是存在机遇的，你会在其中真正体会到什么叫“机会是留给有准备的人”。像吕厚民吕老，看似波澜不惊地成为伟人身边的摄影师，但是通过他的全心全意的努力工作，他成功地在这个不同寻常的岗位上创造出了足以留给历史的一大笔影像的财富，同时也成就了他自己。

因为我写书是从教育工作的角度出发，围绕的核心是育人，所以我还选了一些在摄影界取得了特殊成就和地位的名家，他们多是从摄影家转变为教育家或是全民摄影文化的推动者。比如罗光达，他和吴印咸都属于新中国老一辈新闻摄影事业的奠基人，他们在新中国成立后基本上都放下相机投身到摄影教育的开拓与创业中来，在各大艺术院校担任领导工作。再有像王立平，身为著名作曲家，他在 20 世纪 70 年代末国家拨乱反正的历史时刻，和一帮爱好摄影的朋友，从摄影的小天地向整个文艺界乃至全社会发出唤醒的呐喊声，成就了值得载入中国摄影史的一个重要时刻。所以，虽然他后来的主要艺术创作不在摄影领域，但学生们还是非常有必要了解他和那段历史的，因为我们正是想让年轻人明白一点，无论是摄影还是其他专业，接受高等教育，都不是为了把人生限定在一个方向上，我们要用这些生动有力的故事，来启迪他们把路走得宽广和长远。

身为摄影人，当然应该把自己领域里的事情搞清楚，认识人或事和认识作品一样都要有深度。我书中采访的不少摄影家都是各级摄影家协会的领导，尤其像李光前书记和王瑶主席，身处中国文联和中国摄影家协会的最高管理层，听他们讲述如何从热爱摄影、坚持创作并取得辉煌的成绩，到投身中国摄影事业的构建与推动，是非常有助于学生们在思考自己的人生选择和在社会中的定位时能够跳出思维定式，能够同时拥有大局观，能够把个人与他人、与社会更紧密地联系到一起。从事摄影工作是要有情怀与奉献精神的，从这个角度看，我书中选取的每个人在这方面都是值得学习的，他们在不同层面和角度向读者阐释了这种情怀与精神。这些既是社会对个人提出的要求，又是人生必需的实践。

就这样，每个人都不一样，每个人又都反复向学子们证明着一点，就是人生中充满着不可错过的十字路口，平时要全力充实自己，勤于思考，审慎选择，勇于行动，才能最终成功。

（注：本书“讲评”部分除署名外均由作者宋靖完成。）

目　录

从『以民间面目出现』到『民间的立场』

安哥

原中国新闻社广东分社摄影记者
现为策展人、广州集成图像有限公司无线图像网（FOTOE）高级顾问

- 1947年生于大连市，1949年移居北京，1954年得到第一台相机，在父亲的指导下为家人拍照。
- 1966年8月“文革”大串联开始，高中毕业后与同学到全国各地游历。1968年2月，到云南西双版纳当农垦工人，种橡胶，当知青7年。1975年到广州做工人4年，业余时间喜欢上了风光摄影。
- 1979年4月进入中国新闻社广东分社，成为摄影记者，决定用摄影的方式见证普通老百姓的生活和他们所经历的时代历程。
- 1986年，作品参加“十年一瞬间——现代摄影沙龙86展”摄影展。1988年，先后在于广州中山图书馆和北京中国历史博物馆（即今天的中国国家博物馆）举办的“在改革的年代”影展中展出《中国：开放百态》。
- 1988年底至1994年9月，奉调到香港《中国旅游》画报任记者、编辑，期间在香港佳能电子影像中心展出《中国：开放百态》（1990年12月）。1994年9月，调回中国新闻社广东分社任摄影记者，转年有10幅作品入选丹麦艺术节的影展。
- 1996年组织并参加了由广东省新闻摄影协会主办的、有内地和港台的80多位摄影师到会的“96中国报道摄影交流会”。
- 2001年将自己20年来的摄影作品和文字编成了两本书：《生活在邓小平时代——视觉八十年代》和《生活在邓小平时代——视觉九十年代》，同年退休后到广州集成图像有限公司无线图像网任高级顾问。
- 2002年，个人影展“生活在邓小平时代”在第二届平遥国际摄影大展中展出，同时在当届大展上策展了“南方十一人影展”。
- 2003年在第三届平遥国际摄影大展中策展了“南方十八人影展”，同时在当届大展中任“欧莱雅中国当代摄影师大奖”评委。
- 2003年主编了《时代映像》系列丛书，同年担任广东美术馆主办的“中国人本——纪实在当代”摄影收藏展策展人。
- 2005年1月担任广东美术馆主办的“2005广州国际摄影双年展——城市·重视”策展人，同年参与编辑《沙飞摄影全集》（长城出版社），并任《沙飞摄影选集》（花城出版社）的主编。
- 2009年，著作《安哥的故事——哥哥不是吹牛皮》由花城出版社出版。
- 2010年，个人画册《FOTOE小黑书纪实经典：安哥——结绳记事》由南方日报出版社出版。

白天鹅宾馆时装表演 1984 年 安哥摄

1984 年，白天鹅宾馆举办了广州首次时装表演，霍英东先生请来了地方党政军干部观摩。在他们复杂的眼光默许下，时装表演和时装模特行业开始在社会上走红。

讲评：

我没能面对面采访安哥，甚至没见过安哥，因为他较少参加摄影界的各种活动，对他的了解是从他的照片切入的。他是一个华侨高官的后代，上山下乡返城之后去了中新社广东分社，那里的工作是给港澳台同胞讲中国人，绝对不能是宣传口号式的，中新社的记者要能讲非常平实的故事。安哥是个非常有趣的人，现在看到他那么大的年龄，却基本上还是一个如青年或少年一样纯粹的人。他的天性决定了他的摄影永远对准的是自己感兴趣的东西，而且正好他拿起相机的时候刚刚改革开放，社会上“莫名其妙”的东西非常多。他很敏感，他的照片充满幽默，他本人就特别幽默。一个摄影师的成败不在于拍了多少照片，而在于有几张照片能让人一看到就想起你，记住你，安哥就有好几张这样的照片。然后人们就开始去研究他，发现他 30 年都没有放下过相机，几乎每一天都在拍照片。而且他不是全国跑，他就在广东那一个地方，但那个地方是中国改革开放的桥头堡。

早在 1988 年北京国际新闻摄影周的时候，几位世界级的编辑和记者被请来北京，安哥也来学习了。他们四五十个人在一起交流，原来照片可以这样拍，可以这样放，知道了拍照也可以不用摆拍，那时候安哥已经走在前头了。安哥从来不摆拍，很难得。安哥有一本个人著作，把他这么多年来的事情全部都写了，那就是《安哥的故事——哥哥不是吹牛皮》，这本书写得很好，讲摄影在民间的一些活动。他还影响了广东地区的很多摄影人。

另外给我留下深刻印象的是他参与策展的“中国人本——纪实在当代”。这个展览和以胡武功为代表的陕西群体操办的“艰巨历程”，是中国民间摄影两个非常大的事件。“艰巨历程”是在 1988 年，挖掘的就是藏在中国民间的很多好的影像。安哥和胡武功这两个人首先是非常好的实践者，他们俩的群众基础很好，跟谁要片子都能要出来。换两个策展人，就不一定能找到那些照片了，因为他们的年龄和阅历决定了他们知道那些东西藏在哪里。

从摄影史的角度来看，安哥是绝对绕不过的一个人。如果我们讲中国 20 世纪 80 年代以广东为主的南方摄影史，他绝对是数一数二的人物。从安哥的影像本身来讲，他可以说是人民的朋友、百姓的朋友，他见了百姓非常亲。所以他留下了太多民间的影像，尤其是在广东这个地域和社会文化范畴内，他留下了最多、最完善、最真实而且最有价值的影像。

除了策展“中国人本”，安哥做过的另一件重要的事情是他帮助梳理了沙飞的作品和摄影经历，这也使他成为一名重要的摄影史的梳理者。

根据安哥提供材料编写

决定历史前进方向的是人民，是老百姓

14 岁时，我奶奶从新加坡给我家寄来一台相机，于是在我爸的指导下，我荣任家庭照摄影师。1966 年，在一次随学校参加在天安门广场欢迎周恩来总理迎接阿尔巴尼亚的时任国家领导人穆罕默德·谢胡时，我跑上前，在他们乘坐的敞篷车前抓拍了一张。我继续追拍时，被保卫人员喝止了。照片出来后，同学和朋友都说比《人民日报》登出来的那张好。

1966 年 8 月“文革”大串联开始，我与同学曾两次到全国各地游历，拍了不少纪念照。回北京后，我自己用暖水瓶壳、凹凸镜等组装了一台放大机，到照相馆买了显影、定影药水，又买了论斤卖的边角料相纸，放了许多照片。

后来在西双版纳当知青，我带去了一台相机。但没地方去冲印，慢慢地，胶卷和相机都发霉了。

1975 年回城，我到广州当工人，业余时间玩摄影。在广州可以找到香港的《摄影画报》。那时候，我总觉得报纸上的新闻摄影很假很没趣，所以喜欢上了风光摄影。那时候我和赵大军、薛永康没事儿就在一起聊摄影。通过薛永康的关系，我们认识了广东老摄影家蔡俊三，他那时已经 80 多岁了，在广州和香港都曾经很有名。他家里有整套的 70 年代的《摄影画报》，内容以沙龙摄影为主，风光摄影、纪实摄影也都有。其实那时的沙龙摄影是有纪实这一块的，比如麦峰、邱良等。但后来沙龙摄影到了中国内地就变成“大好河山”了。赵大军比我大一岁，他是北京工业大学学光学的，他给我讲了许多关于镜头和胶卷的原理，以及冲胶卷的伽马曲线等知识。

然而，为我之后从事新闻摄影打下最重要基础的是我的生活经历和经验。我认为：决定历史前进方向的是人民，是老百姓。当年知青返城就是知青们努力争取的结果，

这样才有了中央关于知青回城的政策。因为广东比邻港澳，70年代初香港又正处在经济起飞的工业化时期，社会进步很快，需要大量的工人，当时有点能耐的边民和知青都想办法偷渡，形成了偷渡潮，男的、女的都偷渡，以至于我回到广东找对象都很难，长得漂亮的都偷渡了（笑）。这一系列的事情发生后，广东省委领导深入调研，向中央反映情况以后，才有了深圳特区的开放政策。

那时候，我们已经意识到，一个时代最重要的信息在老百姓的饭碗里，以及他们的衣食住行和生产劳作中。

1979年，中国新闻社广东分社复办，我的老师吴岳先生让我带上自己的作品，和他一起去了社长张宝锵家。我终于“走后门”进入了摄影记者行列。1952年中新社创立的时候，虽然也是国家通讯社，但它是有理事会的，由华侨的老报人来当理事。他们对记者提出的要求用当时负责外事和侨务工作的廖承志同志的话说就是要“以民间的面目出现”。这些华侨的报刊包括港澳的报刊，它们到底还是和新闻的传统有联系的。从这个传统来看，新闻还是要保持它的客观性，也就是实事求是的作风。所以中新社对我这方面的训练是有很大帮助的。很多年来，我是把“以民间面目出现”渐渐地变成了我自己的民间立场。

我虽然入行晚，但也有晚的好处。我属于“文革”前的“老三届”高中生，当过知青，做过工人，见多识广。我们那一代人的思想非常成熟，也养成了独立思考的能力。而且身处靠近香港的广东，很早就体会到“外面的世界很精彩”，也从自己的生活中看到媒体宣传与社会现实之间的反差，所以对当时闭塞的新闻宣传有一种强烈的想改变的渴望。

我是1979年初当上摄影记者的，此前报纸上长期充斥着假新闻照片，有感于我所经历的社会生活在当时的主流媒体上连影子也见不到，我时时警醒自己：别再骗谁了。我们这一代知青回城以后，为了抢回逝去的青春，几乎都在紧张地设计自己的未来。所以，我入行后有一个梦想：我要用自己手中的相机去记录我的所见、所闻、所感，去见证我们普通老百姓的生活和生活中的酸甜苦辣，从中反映我们所经历的时代历程。

摄影路上重要的人和事

那时候的新闻摄影大多是主题先行，把摄影限制在一个非常狭窄的范围里，所以相应地大家开始喜爱风光摄影，全国摄影界掀起“黄山热”。1979 年夏天，也就是我刚进中新社那一年，中国摄影家协会在广东搞活动，蒋齐生老先生受邀到广东肇庆讲学。当时蒋老讲“摄影关系学”，他对“黄山热”、“风光热”多有微词，大谈摄影记者不应拿着公家的相机胶卷去拍风光。许多影友罢听，集体退场。在省摄影家协会领导的规劝下，我们才回到了课堂，这时，蒋老讲的是沙飞的作品和人生，还讲了荷赛的作品和吴印咸在抗日战争中的作品。这些我们以前不是没见过，就是印象不深，经蒋老一讲，我们很受震动。蒋齐生性情耿直，口气生硬，但是中国摄影能走上一条正路，蒋老功不可没。

后来我在四月影会成员王志平和王苗那里见到卡蒂埃－布列松、马克·吕布和美联社记者刘香成的影集，又看了李晓斌的《上访者》等一系列作品，这使我对新闻摄影的兴趣更浓了。后来中国的新闻界一步步开放，我们也拍真的新闻了。慢慢地我意识到，中国的摄影人有责任深入反映自己的生活和社会历史，也应该坚持用自己的眼光看生活、看社会。所以那时，我就开始尝试着用平民的视角记录身边的人和事。我认为当时不断出现的新现象以及人们的反应，用文字是很难描写的，而摄影恰恰是最能反映的。

谈到学习，我没有读过大学，回城后，我如饥似渴地读书，读雨果、巴尔扎克、托尔斯泰的书，有的书被我翻得皮儿都没了。那时候的大学没有教新闻摄影的，自己看书，自己思考。后来入社后我和社里同事统一进京考文化课，我是广东分社唯一一个考取的人，考取了新闻专业的大专文凭。

同时外国同行的东西也给我很大启发，1985 年开始与国外摄影师交流以来，我从他们身上学到了不少东西，他们有的是拍比较前卫、比较观念性的东西，但不影响他们对纪实摄影的尊重与欣赏。在关注时代、关注普通人的生活感受这些方面，大家有共同的追求，只是表现方式不同，可以互相借鉴学习。纪实摄影自身有许多时代的讯息在其中，对文化的研究也很重要。前卫的摄影也讲究图像，也带有时代的印记和对时代的思考，只是形式有所不同。现在广东一些媒体报道的图片也会吸收一些前卫的尝试，来表现一种情绪，可以称为“新纪实摄影”。

后来，一些南方的媒体也给我提供了越来越大的展示空间。我们开始关注自己身边的人和事，以及自己对生活的感受，并把它表现在照片中。还有一件重要的事就是在 1988 年，由杨绍明发起、陈小波策展的“在改革的年代”展览在中国历史博物馆中央大厅展出，湖北金涌、山东钱捍、天津仇伟军和我的作品参展，我的部分就是“中国：开放百态”。

“中国：开放百态”影展前言是这样写的：中国历史上每一次对外开放，似乎都发生在灾难深重的关头。现在，你和我正在目睹、经历着的这一次开放，也发生在这样的时刻。正如邓小平说：中国的事情“积重难返”，经济已达到“崩溃的边缘”。于是他制定了“改革开放”的政策。现实的确是“积重难返”，你和我背负着久积的重负，我们从渐渐打开的门户里头挣扎着：中与西、新与旧、时髦和传统，我们的道德观和价值观受到来自四面八方的冲击。广东是开放的“窗口”，我在这扇窗户下，记录了中国这段精彩的历史。

1989年初，台湾摄影家张照堂与我相会在香港。他看了我的照片之后说：“‘亚洲四小龙’都经过了从封闭落后到逐步开放，最后走上现代化的过程。你把这过程记录下来了。”

这些年，很多人的话我都听进去了。1983 年我的领导简捷去香港考察回来，他说：“以后我们对外少发点儿大楼、桥梁、工厂、学校一类的稿子。香港的大楼比我们的大，高速公路四通八达。我们应该更多地去拍老百姓和他们的生活。”1986 年，摄影家简庆福在看“十年一瞬间”影展时对我说：“这些拍摄人民生活的照片越放越有价值，而风光照片越放越没有价值。比如黄山千百万年都在那里，后人还可以用更多的时间、更好的器材去拍，而生活过去了就没了，人也不一样了。”美籍华人记者刘香成 1983 年说：“中国摄影家总喜欢拍日出日落，还有老人、小孩和女人，很少拍普通人……”我想：除此之外，还有自己对生活的体验，那酸甜苦辣、喜怒哀乐，甚至连每个人的汗味也是有所不同的，但又是人同此心。我不可能把 20 年来的所有事情、所有事件都记录下来，我只想通过我的照片，反映我们老百姓对这个时代生活的感受。

1999 年初，中央电视台编导王均伟打来电话，说正在拍摄纪念建国五十周年的纪录片，看到《羊城晚报》上刊登的我的作品后要来采访我。他们来到广州后，拉我去采访这里著名的商业街高第街，一起去找我 18 年前拍过的含羞而胆怯的小贩。当年刚开始有个体户，你要是站在远处，看见的只是一个堆满货品的小摊，却看不见摊主，她是蹲在底下的，走近才能看到，而且她的眼神是很警惕的，如果我不去问价的话，她根本不看我，而是东张西望警惕地看着什么。后来跟她聊熟了以后，她告诉我，她怕她的同学看到。18 年后，我们拿着报纸去找，高第街上闻讯来了一群长得很富态、手戴金戒指的中年大姐。她们高兴地传看着报纸上的照片，七嘴八舌地议论，但谁也认不出那是谁。她们都说，我当年拍的照片上的小贩年龄、样貌和心态与她们当年很相像。其实我的照片本来就并非要表现某个人，而是要表现一个群体。环境、物件都是摄影的语言符号，它们都在讲述我们生活的时代。

街边小贩 1981 年 安哥摄

图片的整理和编辑要用心

在整理底片的过程中，选哪张，不选哪张，一组图片怎样起承转合，哪些图是主图，哪些是配图，哪些是资料性的，这常常让摄影人犹豫不决，无从下手。我以下的见闻和经验可能对您有参考价值。

我刚入社时，广东分社的副社长简捷带我出去采访时说：“你们现在多好，胶片也多了，作品不管发不发表都可以自己留下来了，我们那时候的底片都在‘文革’时期被销毁了。”所以，从那时起我就养成习惯，也可以说是一种经验，就是工作需要的片子我拍，以我个人经验认为好的照片我也拍。我一直都是保存底片、整理底片，去找回自己的观点和体验。那时候我们要求拍 6 张底片就要发一篇稿的，就在那样的条件下我也要拍些自己喜欢的东西，哪怕自己添点胶卷。所以到现在，我都和年轻同行们说，能发的不能发的片子、底片都要留着，一定会有用。

1988 年 10 月，我参加了北京国际新闻摄影周的活动。我们组的组长是美国《国家地理》杂志的编辑。胶卷冲出来以后，我们轮流拿给组长看。当轮到我的时候，我找到翻译要告诉组长我拍的是什么，他挥手制止了我。只见他拿起放大镜，对着灯箱一张张地仔细看我的底片，不时用红笔勾着。看完了全部 8 个胶卷以后，他把勾出的底片，一张张地讲出他的意见。他讲得头头是道，从专题到主角的位置、动作等细节的处理他都讲到了。他还告诉我，如果当时我能往前点，或往左一点就更能突出主题……那一年的年底，我奉调去香港《中国旅游》画报做编辑记者，我开始锻炼自己用放大镜看底片读图的能力，像《中国一日》摄影活动的底片、徐力群《边陲万里行》的底片、初小青《中国印象》的底片，各有数百近千个胶卷，都是我做的初选工作。那时候编辑部的工作流程也比较专业，每一组稿子都经过个人初选，再与总编、文字编辑、美术编辑反复讨论进行增删和编排。

1990 年，中国香港专业摄影师梁家泰接受了美国《国家地理》杂志的委托拍摄。他前后在内地拍摄采访了三次，每次一个月。那时候我们经常在一起聚会，听他讲采访的经历，帮他介绍朋友、出点子。最有意思的是，他告诉我，他每次出差一个月以后，都要把 250 多个胶卷寄去美国冲洗。冲出来以后，美国《国家地理》的编辑就打长途电话过来，对着灯箱，告诉他每一卷的哪张好，哪张不好，曝光如何……250 个胶卷讲完以后，又要跟他推敲还有哪些不够，如何扩充思路，并出一些点子，最后再讨论下一步的采访计划。这“电话粥”一煲就是好几个小时。前后一年多的时间里，他已经拍了750多个胶卷，于是被请去美国编稿子，一个月里，他给有关的编辑和文字记者放了三次幻灯。

我觉得我们国内的纪实摄影师往往在采访拍摄的前期案头工作、后期整理底片和编辑稿子等方面下的功夫还不够多、不够细。

1993年的一天，快下班的时候，同事王苗告诉我，马克·吕布从北京乘飞机回法国，将在香港转机，有两三个小时的时间，他约我们在香港机场的咖啡厅聊天。于是我跟着王苗和香港记者李碧惠一起去了机场。接到了“老马”，我们刚在咖啡厅坐下来，他就从相机袋里抽出一叠足有一百来张照片摊在桌子上，请我们提意见。这些都是他最近拍的照片。我当时很感动，也很后悔，后悔我没有把自己的照片带来向他请教。

后来云南的吴家林告诉我，他在深圳出差时，听杨延康、肖全等朋友通知，马克·吕布要见国内的摄影师。当时他正在编辑自己的画册，于是在深圳找了个暗房放出一批小样，湿淋淋地就拿去见“老马”。“老马”兴致勃勃地把小样摊在床上，很认真地和他一起将它们分成A类、B类、C类，反复切磋。后来“老马”回到法国以后，还和吴家林通信反复推敲第几号图应该放在哪一类。难怪吴家林的《云南山里人》画册编得那么好。

我们摄影师往往不太会说话，其实最好的交流方式就是看图、读图。

2001年，我退休以后，FOTOE图片库的老编辑吴少秋帮我把20年来的作品编辑出版了一套书——《生活在邓小平时代》。其间，我们把我20年来的笔记本、文稿、剪报和数万张底片全部翻了一遍。我过去做过新闻、纪实、画报、图片专题以及影展，但编书时总是离不开编画册的框框。而吴少秋是图书编辑，他对时代信息量的把握比我丰富得多。在他的追问和督促下，我把以前的“废片”全都翻出来了。幸亏我以前养成了习惯——“废片”从来不丢。顾铮看了我的书说：“这不仅是生活在邓小平时代，也是摄影在邓小平时代。”

由于我有了上述的经验，这些年又担任FOTOE图片库的高级顾问，曾经帮助许多朋友整理过底片、编书和策划展览，所以，近年来我向朋友呼吁整理底片、准备自己的摄影文本。

我觉得纪实摄影应以时间为梗，串起一个个的事件、故事、专题，就好像一串葡萄。135底片如果没有剪的，就印一张小样，写上时间、地点、什么人、什么事，按时间顺序插进A4文件夹的透明塑料套里。我习惯平时整理底片的时候，把重要的作品剪下来，扩印一张3R的小样。因为广州天气潮湿，所以我的底片袋选用可封口的小胶袋，然后贴上不干胶标签，写上说明，用透明胶纸贴在3R小样的背后，再按专题分组插进小相册里，相册放进密封的干燥箱里。数码作品应及时打上关键词，否则时间长了就忘了。自己的代表作品和重要的专题应及时挑出来，备份到专门的文件夹里。因为纪实摄影要靠日积月累，反复推敲，总结交流，如果当时不挑出来，它们分散在一大堆文件里，想再找出来就很难了。

作为新闻摄影师，我和我的许多同行为争取自己作品得到传播做过许多努力，争取老百姓认知的权力是我们的职业道德和理想。

当新闻报道摄影作品逐渐失去时效性以后，它记录历史信息的功能随着时间的推移更加显现，为人们研究历史、反思社会进程提供了可靠的证据。

在策展“中国人本——纪实在当代”影展的过程中我们翻查了许多老照片，发现即使是数十年前那些为了宣传目的而造假摆布拍摄的所谓新闻照片也并不假，它们真实地记录了当年荒诞的现实。而且摄影是一面双面镜，它们还反映出当年在相机背后的摄影师和他们生活的年代。中国开始改革开放以后，有越来越多的摄影师从事纪实摄影，经过二十多年的积累，我们的作品已经蔚为壮观。

从美学的角度看纪实摄影，它的即时性和真实感，以及摄影者取景的主观特色都可以成为无以替代的审美趣味。

我在西双版纳当知青时曾参加过业余毛泽东思想宣传队，排演过京剧《智取威虎山》。我把我的舞台经验运用在纪实摄影上，抓拍形体语言，通过移动相机位置处理人物之间的关系、人物与环境的关系……这些都可以让我的照片更好地讲故事。戏剧和文学的美学经验有很多方面对摄影也适用。

我在策展“中国人本——纪实在当代”的时候，把全部作品分成了四个部分：生存、欲求、关系和时间。这也是我挑选作品的主要切入点。

以下是我给想从事纪实摄影的年轻人的几点建议：

1. 关心时事和民生，以及身边发生的故事。

2. 纪实摄影是长期积累和偶然得之的事业。

3. 养成不断整理、编辑、挑选自己的底片的习惯，并积极向人们展示，从中体会纪实摄影的趣味和作用。

4. 建议尽量用约等于全画幅的 28—100mm 焦距的镜头、比较小的光圈，使景深大一些，画面里的信息量大一些。当然，这必须是在主题和主角突出的前提下。

5. 多读书。

大龄青年咬苹果 安哥摄

《大龄青年咬苹果》是1983年我在广州市第二次大龄青年集体婚礼上拍的。在大龄青年集体婚礼上，他们相互配合大口地咬苹果的时候，感觉他们是要拼命地咬住那已渐渐逝去的青春。后来在北京搞展览挑片子时，有朋友说："我也拍过这种片子。"我说："你的有这样的肌肉吗？"大家都笑了，会心地苦笑。

大龄青年 安哥摄

从1977年至1980年，全国有上千万上山下乡的知青回城。那时候每到傍晚，广州珠江两岸的栏杆上都坐满了成双成对的知青。一对挨着一对，有时，没早点来"霸位"的还会找不到位。我常常后悔当时没有将那壮观的场面拍下来。大概因为我也"身在此山中"吧。这张照片是我1983年在湛江的公园里拍到的，聊补不足吧。

选美比赛模特笔试 安哥摄

1985 年广州选美比赛，我先拍的是在一所小学教室里模特初赛笔试的片子，发表后，中新社香港分社等 7 家报纸同时采用。我一直跟拍到决赛，稿件很多都登在头版，甚至是整版刊登。但内地的报纸不让发稿，只允许在《羊城晚报》上发了一条几百字的稿，图片一张也没有。决赛设在中国大酒店大堂里。当晚来了很多香港的记者，可广东当时还没有传真，影像的东西谁都发不出去。我是提前拍了参加决赛的选手的集体照、化妆照还有大头照，配上他们的个人简历发给香港分社，第二天都登在了各报的头版，甚至《南华早报》还登在报眼上，反响特别强烈。我的片子在一个星期内有 30 多家报纸采用了几百张次，到现在可能都没人能破这个纪录。

广州大丈夫 安哥摄

1986年，中国大酒店前的路边，一对情侣旁若无人，少女给男朋友点烟。这张照片在《人民摄影》报刊出以后，在读者中引起了争论，有人说这不文明，有人说这男孩给中国男子汉争了气，我说我还挺羡慕他们的，我当年谈恋爱可没这么大方。他那“先富起来”的自信也挺可爱。与时下霸道的大款比，他们的眼神还很纯朴。

小巷婚礼 安哥摄

1987 年，广州开始时兴花车接新娘。这对住在老城小巷里的新人，本来就是邻居，但结婚要坐花车，可惜巷子小，车开不进来，于是他们携手走出小巷，到大街上去坐花车，兜市区风光一圈，再回到小巷入洞房。

无痛穿耳 安哥摄

1983 年，“美在花城 ” 时装展销会上，无痛免费穿耳的首饰档口人头涌动。这位顾客表情肃穆似“无痛”，那围观者咧嘴似“心痛”。我们这一代是在长期“斗私批修”的教育下长大的，对穿时装和戴首饰这些“资产阶级思想的反映”的第一次接触有如第一次吃螃蟹。右边这位大姐咧嘴惊讶的眼神传达了我们当时的感受。

从外看到里 安哥摄

1984 年，广州“美在花城”时装展销会上，这位小姐撩起模特儿的裙子从外看到里。有人说这位小姐如果换成男士就好了，我说：“你有没有搞错？我讲的是物欲，并非其他……”

百岁老人游羊城 安哥摄

1986 年，广州第一座大型游乐场——东方乐园刚开业。那一年的"百岁老人游羊城"活动就安排了老人们去参观。这些老人百多年来见过多少世面，尤其是坐在第二排的老太太曾在紫禁城当过宫女。如今她们坐进儿童小火车，仿佛要开进时光隧道。

跳交谊舞的老人 安哥摄

20 世纪 80 年代改革开放以后，人们又开始跳舞了，跳的是五六十年代流行的交谊舞，年轻人都不会跳，舞会上都是当年的年轻人，此时已是满头花发了。

歌舞厅开老人场 安哥摄

1986 年，歌舞厅在争论声中开了关，关了又开之后，终于可以正常营业了。当时有许多老年人离退休后爱跳交谊舞，在他们的要求下，歌舞厅在白天开设老人场，舞者踊跃。原来人们以为在关于歌舞厅的争论中，老年人最保守，事实不然。我这张照片登出来以后，有一个朋友见面后说："嗨！那是我妈，她就那样，天天去泡歌舞厅。"

（本篇作品均选自《生活在邓小平时代》）

坚守自己的认识，也不拒绝新的东西

陈锦

四川省摄影家协会副主席
四川美术出版社编审
《影像生活》杂志主编
北京摄影函授学院四川分院客座教授

- 1955 年 6 月生于中国四川省成都市。
- 先后就读于成都市盐道街小学（原二师附小）、成都市盐道街中学。
- 1971 年 5 月至 1978 年 9 月赴云南省河口农场四分场当支边知青，其中近四年在三队务农，近四年在中心学校当体育教员。
- 1978 年 10 月至 1982 年 8 月就读于云南大学中文系汉语言文学专业，获文学学士学位。
- 1980 年 3 月，处女作《峨眉山雪景》刊登于《春城晚报》星期日副刊版，此后两年多时间里，又陆续于该刊发表摄影作品数十幅、摄影评论数十篇。
- 1983 年 10 月，论文《试论新闻摄影的美学特征》发表于《首届新闻摄影理论年会论文集》，并应邀参加年会。
- 1984 年 2 月分配回四川成都，在成都市机械局下属成都配件厂任厂办秘书。
- 1984 年 10 月调入四川人民出版社从事专职摄影、编辑工作。
- 1985 年底转入四川美术出版社至今，任高级编辑、编审。
- 作品或论文等曾入选第十三届全国摄影艺术展、四川青年摄影六人展、四川省赴日本国山梨县摄影艺术展、四川“金色童年”摄影展、第二届新闻摄影理论年会、第二届全国摄影理论年会、四川当代摄影五人展、第三届全国摄影理论年会、第十五届全国摄影艺术展、广岛·四川交流写真展、四川民间文化艺术交流展、中国现代纪实写真五人展、巴蜀民族民俗风采全国摄影展等。
- 斩获奖项包括：连续三届四川省巴蜀文艺奖、《人民摄影》报“佳能杯’96 优秀摄影作品奖”、中国国际民俗摄影人类贡献奖等，被中国摄影家协会评选为“德艺双馨”摄影家。
- 曾主拍主编大型摄影画册《西南丝绸之路》、《神游三峡》、《峨眉山》、《炎黄子孙·氐羌颂卷》、《巴蜀文化图典》，曾入编由世界文化艺术研究中心和中国国际交流出版社出版的《世界名人录》（中文版）、由国家人事部专家服务中心和中国文联出版公司出版的《中国专家大辞典》、由中国名人文化研究中心和红旗出版社出版的《中国名人谱》、由人民美术出版社编辑出版的《中国摄影家全集》，曾赴美国、法国学术交流。
- 出版的摄影集有《市井》、《感怀成都》、《茶铺》、《川人茶事》等。

瞧戏 1984 年 黄龙溪 陈锦摄（选自《市井》）

讲评：

陈锦的各种特质决定了他注定的成功。

那个年代放弃分配好的单位是很需要勇气的，他好动的性格和勤于思考的特质使得他的作品可以从众多纪实作品中脱颖而出。其实他的成长经历是比较典型的，他喜欢摄影也是从风光开始，先拍峨眉雪景、草地阳光，参加各种影展，然后拍的白桦树、桦树林等都是风光类的内容，在摄影界立足下来。慢慢地他开始在艺术形式和美学特征上进行探讨，最后喜欢上纪实风格，这个风格也是基于对本土文化习惯的研究。从拍老灶大家吃火锅，到以茶馆市井生活为题材，核心正是讲好中国故事。他早就有这种意识，从这点来讲，也是非常值得学习的。

陈锦访谈

特殊年代的成长是先饱经生活的历练再去读书，借书读，偷书读

宋　靖：您当年也是知青，就从上山下乡说起吧。

陈　锦：我们是 1971 年下乡，那时候是去云南支边。当时全国各地都有知青去支边，四川成都和重庆去支边的这一批初中毕业的学生也算是第一次到云南去。我记得我是 1971 年 5 月底离开的成都，那个时候我差 1 个月 16 岁，当时的政策是如果你还没满 16 岁，可以选择读高中。那个时候正好开始恢复高中，但我特别不想读书，特别想离开这个太熟悉的生活圈子，离开这个好像很受限制很不自由的社会环境和家庭环境，就想出去见下世面，根本想象不到出去之后面临的生活究竟是什么样。

宋　靖：您到云南哪个地方支边？

陈　锦：我到的是云南河口，实际上就是在中越交界的地方，当时那个地方叫“云南生产建设兵团”，还是属于部队编制。大概两年以后，（建设兵团）就改制了，把部队的改成地方的，之后就成了农场，归农垦管了，之前属于军垦。就像北大荒都有这种生产地，像黑龙江建设兵团、云南建设兵团、新疆建设兵团那个时候都是一样的，后来就改成农场了。那个时候我就毅然决然地走了。我去河口的时候还不到 16 岁，也就是才刚刚进入高中的年纪，在那个时候我就要自己去直面生活。

当时正值“文革”，毛主席说“知识青年到农村去接受贫下中农的再教育，很有必要”，所以大家都认为下乡是一件很积极很好的事。但实际上去了之后，才感受到，那里跟你过去的生活，城市的生活相差太大了，而且跟你内心的想象、你的理想也有非常大的差距，因为那里是实实在在的非常艰苦的生活。就现在来讲，我们可能除了

从一些文艺作品中看到之外，很难想象那到底是一个什么样的状态。当然尽管如此，这里面仍然有很多很美好的东西，因为当时的社会和现在不一样，还是比较单纯，而且整体也比较积极，人心还是相对平和的，只是生活状态太苦了，工作也很苦。

在云南当知青，那里气候比较热，去了之后的工作是要么种水稻，要么种橡胶。我在云南河口农场，我们那个连正好在红河边上，河对面就是越南。1979 年对越自卫反击战爆发，当时有两个渡口，一个就在河口县县城的一座桥，这座桥以前是通火车的，是法国人修的滇越铁路，一直修到河内。河口县的对面是越南一个叫老街的地方。另一个渡口就是当时我在的那个连队的所在地。那个渡口过去没有桥，打仗之前边民往来都是靠一叶扁舟，打仗时全部架上浮桥。实际上打仗之前我在那里还是蛮好的，我们在河边上有一些地种花生，河对面就是越南的村庄，当时和越南的村民还有一些往来。

我在河口当知青将近 8 年时间，我是 1971 年去的，1978 年参加高考之后就走了。其中有一半时间，也就是将近 4 年，我是在三连当职工，到了 1974 年年底，我就离开了连队，到农场的一所学校教书。学校当然也是在那个农场里面，因为我们农场一共有 18 个连队，其中包括卫生所、医院、学校、橡胶加工厂等。学生都是当地职工的儿女，很大一部分老师都是从知青抽调出来的，因为知青毕竟多多少少还是读了一点儿书的。

当时为什么要把我抽去教书呢？我想估计是当知青之后我就特别喜欢看书，这一点和当初想去当知青的理由截然相反，在成都的时候我是拒绝学习，不想看书，不想去受所谓的应试教育。但是这不等于我不喜欢读书，毕竟我生活的环境是在一个文化单位里，我的父亲在新闻出版机构工作，那时单位环境和居住环境是有联系的，所以我在里面耳濡目染。我小的时候就很喜欢看书，最早看不懂的时候就看小人书，我记得我们过去最早读到的中国四大名著，都是看连环画学习来的，因为那个学起来比较容易接受。在那样一个环境里面，条件相对好一点，而且不管是家庭，还是相处的同伴，都是处在所谓知识分子这样一个环境里，所以自然而然就受到影响。

有一件对我的学习有很大影响的事情，就是当时去“偷书”。为什么要“偷书”呢？当时父亲所在的出版社有一个图书馆，过去他们叫资料室，主要是供编辑查阅资料使用的，收藏了古今中外很多非常好的书，包括很多老的版本，可惜在“文革”期间被封了，里面的很多中外名著都被认为属于禁书，或者被称为“封资修”的东西，是不让一般人尤其是小孩随便看的。我们是知道这个情况的，但是当时正值青春年少，人比较躁动，对知识十分渴求，知道这个资料室里面有很多好书，就想办法去获得。当时最好的办法就是“偷”出来。我们几个关系好的小孩经常约到一起，在月黑风高的时候，跑到位于大院偏僻处的资料室，撬开窗户，翻进去的人就把书拿出来，外面有人协助搬运，还有人放哨，放哨的人一发现有动静就打暗号。实际上这个过程延续了很长时间。最早的时候是偷连环画，后来开始偷好的小说、中外名著。我记得那个时候我才 13 岁，就已经读了好几大部国外的名著，包括肖洛霍夫写的《静静的顿河》等。其实当时来讲，并不见得看懂了（笑）。那个时候真的只是知道那是名著，尤其是俄国文学当时对中国的影响很大，所以当时在看这些书的时候内心都是怀着一种崇敬之情，就想从中获得一些所谓的文学素养。多少年后再回过头来看，书中一些主要的人物一直给我留下深刻的印象。类似这种记忆，曾经陪伴了我好多年。

其实当初不仅在读中学的时候，这些书一直陪伴着我，后来我当知青了我也把这些书一起带去了。每一年我们有一次探亲假，回到成都待一阵，然后回河口我又会带一批新的书走。当然这个时候不是我在偷书了，而是我们的兄弟，比我们小的那一辈，在我们走以后继续我们的行为，当然后来还是被发现了，资料室随之加强了安保，之后就很难再偷到书了。

去了河口之后我就开始自己阅读，自己看书，因为那种环境本身很艰苦，生活很艰苦，又没有更好的文化活动，所以书被看得很宝贵，我的阅读量由此变得很大很宽泛。

我当时有个很好的朋友，别人说我们就像两兄弟，他也姓陈，叫陈敏，我叫陈锦，我们经常一起读书交流。有一件现在我想起来都觉得非常震撼的事，我们当时借到一本书，很厚的一本书，叫《马克思传》，国外的一个女作家写的。在那个年代能够找到这本书是不容易的，别人只给我们一天的时间。这本书起码有 20 万字，只给我们一天一夜的时间让我们两个人读。当时为了及时把这本书看完，我们白天请了假，晚上不睡觉，来读这本书。我们寝室是床对床的，中间隔了一米多宽的过道，我们俩就坐在床边上，我读一段他读一段，用一天一夜的时间把这本书读完了。虽然这种学习方法或者说学习效果不是很好，因为太快了，但是能反映出当时我们对知识的渴望，我觉得还是蛮有意思的。

后来我就去教学，样样都教，而且我的主业是教体育。我喜欢打篮球，这在当时是最普及也最简单的文体活动。当体育老师给我带来很大的好处，比当知青务农的时候要好得多，至少没那么辛苦。一天只有几节课，有大量空余的时间可以学习看书。在学校里最好的一点就是大家都是读书人，所以互相之间有影响，这也是后来促使我考大学的一个因素。

恢复高考是 1977 年，这一年入校的第一批大学生被称为 77 届，我是 78 届的，我们入校是 1978 年的 9 月份，所以我是属于第二批入校的。当时我下了狠心，就是觉得一定要考上。因为那个时候真的看不清人生的道路和希望，如果不参加高考，也许就得永远待在那个地方。那时候也招过工农兵大学生，但名额非常少。虽然部队也招过兵，还有中专招生，但机会很少，非常不容易，还有很多其他方面的因素。

为什么我是 1978 年考的？因为 1977 年恢复高考的时候我的准备工作还不充分，对高考还有一点疑惑，不知道它最后是面对什么人，会不会像招工农兵大学生一样有过高的要求。但是当 77 届考了以后就让我们感觉到情况不一样了，感觉到可以靠自己的学习、能力去闯一条路，所以下决心一定要考上。可能因为过去接触文科比较多，看的书更多的是和文学有关的，我就报考了云南大学中文系。其实在那个年代能够考上大学还是不容易的，因为比例太小了。你能考上说明你做了很大的努力，当时整个社会有一种积极向上的大趋势，所以我们那两届的大学生是被社会非常看重的，都觉得我们是祖国的希望，被人称为“天之骄子”，所以我们特别珍惜当时的学习机会，在学校里面非常勤奋。勤奋到哪种地步呢？除了必须外出办事基本上都不出校门，早上 6 点钟起床锻炼身体一直到 8 点钟上课，中午 12 点钟下了课去食堂打完饭又回到教室，一直学习到晚上，吃完晚饭后又回到教室，一天最多有一个小时的时间去球场打会儿球，晚自习至少都要上到 10 点以后。基本上每天都是这样子，非常主动地去学。一个是学习机会来之不易，一个是当时的整个社会氛围对我们寄予极大的希望，我们也感受到所肩负的社会职责，当时就是这么想的。

好像摄影家的成长，总缺不了克服重重障碍和受某件事某个人影响从而意识觉醒这两点

宋　靖：陈老师您是什么时候开始学习摄影的呢？

陈　锦：我开始学习摄影是在大二的时候，也就是 1980 年。那时候跟摄影有关联，也不是偶然的，因为我去过出版社大院的摄影室，尽管没有实际操作过，但影像的神奇感，它所传达的那种意境已经在我的内心留下了很深的印象。另一方面当知青教学时，我们宿舍的一个重庆知青是教美术的，有一年寒假我回成都探亲，他让我帮他在成都买了一台相机，当时就几十块钱也不贵，之后我们就共同使用那台相机。那时候我们学校里面有一帮老师，从小学一直到高中都有，其中还有专门教化学的老师，就买了显影液、定影液等，自己冲，自己印相。

上大学以后，我接触摄影的机会就多了，对它产生了一种特别的兴趣。后来几经考虑我觉得一定要去尝试一下，一定要去拍点东西，通过相机来表达自己。

我学的是中文，传统文化对我的影响比较大，但当时已经逐渐有国外的一些文艺思潮进来，这对当时中国文化界的影响还是比较大的。我们间接地受到影响，从表达的手段和方式上我想到了摄影。我当时就觉得想去学摄影，但是那个时候没有科班，书也很少，只能自己摸索，或是跟着所谓的老师学习。

要学摄影的话首先要去买一台相机，但我那会儿实在没钱，又不好张嘴向家里要，我就找平时比较节俭的一位同学借。但他站在同学的立场，认为我那是不务正业，而且摄影是烧钱的事儿，他几句话把我说得无言以对。但是我这个人有一个特点，就是一旦认定的事儿就一定得去做，摄影这件事是我经过一段时间的深思熟虑以后做的一个决定，不能轻易放弃了。怎么办呢？我找了我们班上的另外一个女同学，也是我知青当老师时的同事。虽然我跟她的私人关系一般，但她了解我，我也了解她，知道她一个月挣多少钱，喜欢存钱。找到她后，我就跟她说我急需 100 多块钱，真是没敢对她说做什么用，只说是今天要，明天还。还好这位女同学很帮忙，马上取了钱给我。拿到这笔钱后，当天下午我就跑到商店把相机买了，晚上我就到我之前借钱的好朋友房间去，把我买的相机和包装盒一起放在他桌子上，说我已经买了，而且讲了为什么非要买。另外，我还说了我承诺明天一定把钱还给那个女同学，所以今天这个钱他必须借给我，谁让我们是那么好的朋友呢！没办法，他只好到银行把钱取出来给我还女同学。这就是我自己拥有的第一台相机的来历，它一直陪伴了我两年时间。

这个故事实际上还没有完，因为这笔钱我一直不知道怎么还，一直到毕业以后也就是 1982 年，我把这台相机卖了，由于相机保养得好，加上当时相机紧俏等原因，居然卖了将近 110 块钱，就这样我才把欠了两年的钱还给了这个同学。

我在学校学摄影的这段时间里，实际上有两件事情对我的影响比较大。一是当时四月影会的展览，这个展览到 1980 年下半年大概已经在北京办了 3 次，在云南的展览是把这三次展览全部合在一起。那时候在云南有一位教我学习摄影的老师，叫肖敬志，当时他可能有 50 多岁，我那个时候 20 岁左右。虽然他算是年纪比较大的，但他思想非常开放，就像一个年轻人，喜欢跟年轻人一起交流。当我把我拍的照片给他看时，尽管照片拍得很差，但他都会很耐心地帮助我，指点我。这个展览也是肖敬志从北京引过来的，他当时和四月影会的那帮年轻人关系很好，大家也都很尊敬他。当时他对摄影的理念和态度非常好，而且内心里他是个诗人，经常一讲课情绪上来了就滔滔不绝，

滇池渔歌 1983 年 陈锦摄

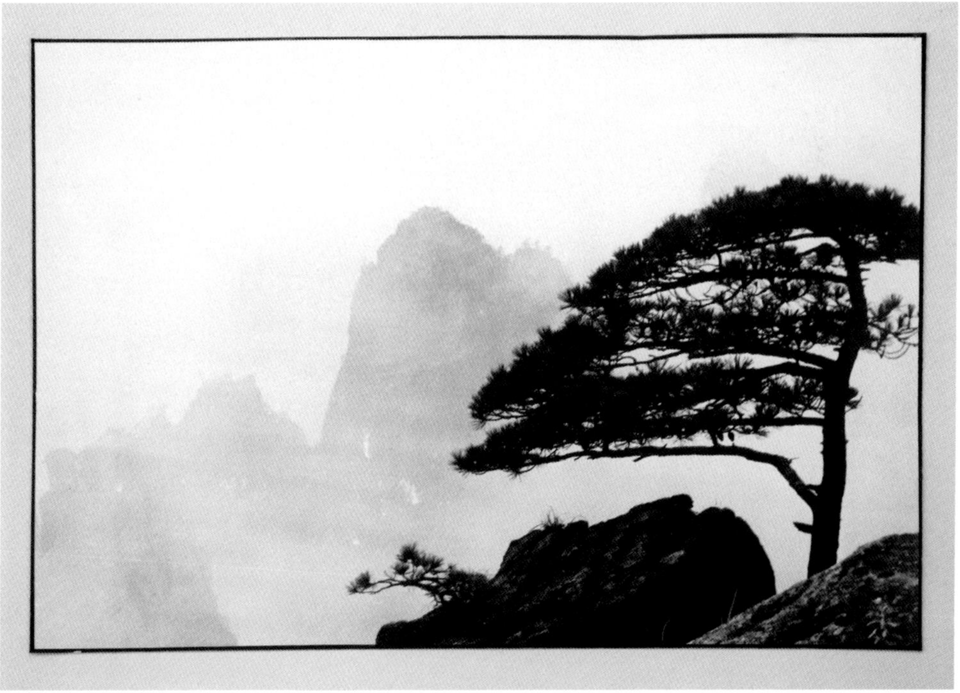

黄山松影 1981 年 陈锦摄

盖碗儿 1988 年 成都南府街 陈锦摄

龙门阵 1989 年 成都中和 陈锦摄

功夫 1991 年 成都大面铺 陈锦摄

斗鸟 1990 年 成都新开街 陈锦摄

（以上四图均选自《茶铺》）

非常有激情。他过去是在清华大学做摄影的，后来因为“文革”到了云南省文化厅的一个美术摄影室工作，后来到了云南省摄影家协会。他曾经不断在北京和昆明之间来回跑，我记得北京摄影函授学院刚成立的时候他去当过副校长，我还去看过他，当时在中国摄影界他是很被大家敬仰的一个人。我觉得在我的摄影道路上遇到的第一位老师是他，应该说是我的幸运。

那时候肖老师顶着一些流言蜚语把四月影会的展览搬到昆明来是很不容易的，昆明官方是不接受的，因为它是一个民间展览，不是官方的，是登不了大雅之堂的。展览当时是在昆明市翠湖公园里一个类似平房的展览厅里办的，正好离我们学校很近，就隔了一条小马路，我就去看了。那个展览让我对摄影的认识产生了很大的变化，因为过去我是学文学的，经常拿着相机去拍一些比较沙龙的东西，去表达一点诗意，或者是去模仿中国传统的水墨画或者西方油画，觉得这就是艺术，这就是对美的一种追求和呈现，其实更多的是表达一种诗情画意。那个展览给了我很大的冲击，我记得展览开幕的时候，整个昆明市，尤其是在年轻人中产生了很大的反响，观展的人多到把临时搭起来的展板都挤倒了，这在当时的云南是从来没有过的。因为离学校比较近，我就去了很多次，每次看了都觉得心潮澎湃，摄影还能够表达那么细微、那么深入的东西，就觉得真的是太神奇了。那个展览对我的影响很深，也对我后来做出改变起到了很大的促进作用。

那时我是我们班的团支部书记，我因为跟大家的关系比较好，就跟大家一起参加各种各样的活动。那次我去看了这个展览以后，又特别以团支部书记的身份带着我们班的同学去看这个展览，因为我相信这个展览对我带去的每一个同学都会产生影响。后来真有好多同学喜欢上了摄影，跟我一样去买相机，跟着我一起拍照，我们一起凑钱买了一台放大机。我们在宿舍里面把窗子关上就开始洗照片，今天你洗，明天我洗。摄影成了我们当时学习生活中很重要的一个内容，就像我刚才说的，这个展览对我的影响非常大。

第二件很重要的事发生在 1981 年暑假，当时正好赶上我们中文系跟云南省社科院民族文学研究所联合搞田野调查，就是做民间民族文化的收集。我当时刚好在学校，就报了名去参加。学校也觉得我会照相，可以帮忙获取一些重要的影像资料。这实际上是一次很好的学习机会。我们去的是普洱市景谷县，在那儿待了大概 20 天。我们分成几组，每组 3 到 4 人，我们那组由我带队，到了一个公社，去找到当地的所谓文化人，从他们那里收集他们的故事然后拍下来，这个采访的过程主要是拍一些生活场景和跟宗教有关的东西。当时我拍得不少，回来后在系里的暗房洗印出来，然后每张照片都写了图文说明。我记得文图加在一起我做了两大本，一本是作为我们云南大学中文系的资料收存，还有一本交给了云南省设计院。现在回想起来稍有遗憾，当时居然没给自己留下哪怕一张底片，也没有多洗一套留作纪念。

这次的田野调查和拍摄对我的人生体验和摄影体验都产生了重要影响，我真正感受到了摄影的力量和价值。

我当时有些照片自己都觉得非常好，非常有意思，因为那个场景本身就打动了我，让我有这个冲动一定要去把它记录下来。那个地方信奉的是小乘佛教，很多信仰的仪式都是从缅甸传过来的。有一次我一个人去采访一位人称缅先生的当地老人。缅先生应该是当地佛教的宗教代言人，也是文化传承人，他跟我说离这儿十多里有一个缅寺，要搞活动，让我去看一下。

我记得那次我请了假说去参观一下宗教民间活动，我走了十几里路好不容易找到了地方，走进去一看，里面黑压压坐了一片，大家都在做功课，当时我就觉得很震撼，因为从来没有看过这种场面，拿起相机就开始拍。但我毕竟是个外来人，看我在拍照大家就很警觉。我拍了几张照片以后，发现他们那种眼光不是单一的惊讶，还有畏惧、新奇等。我当时就想这个行为是不是冒犯了他们，我就有点不敢拍了。就在那短短静止僵持的时刻，突然有一个人站起来跟我打招呼，可能是此前接待我们田野调查小组的一个当地干部。幸亏他把我介绍给大家，才打消了大家的疑虑。

拍完以后离开时我跟大家打招呼，他们竟然全部停止了当下的活动来送我，而且用了一个级别很高的仪式，打着象脚鼓边打边送，一直送到很远。那种场面说明他们是真心尊敬我，因为我是为了帮助他们而来的。那次我拍了很多照片，那次经历给我留下了深刻的印象。

后来我的毕业论文写的就是摄影，这在云南大学以前是没有过的，论文的题目叫“试论新闻摄影的美学特性”。在 1983 年中国新闻摄影学会召开的第一届新闻摄影理论年会上，这篇论文还被选中了，我也应邀去天津参加了年会，遂开始在摄影界有点小名气了，因为当时大学生研究摄影理论是不多见的，摄影界正需要培养这样的人才。

宋　靖：您大学毕业之后回成都了，还是留在云南？

陈　锦：开始是留在云南，当时我跟云南摄影界已经比较熟悉了，我也很喜欢云南的整

游医 2001 年 崇州 陈锦摄

鸟趣 1995 年 成都 陈锦摄

麻将 2001 年 自贡 陈锦摄

敬佛 2002 年 成都 陈锦摄

（以上四图均选自《市井》）

个氛围，很想留在云南。结果分配很不理想，是到省公安厅从事行政工作，这与我的理想（从事文化工作）相差很远。所以我去了以后就开始想怎样逃离。但那时不像现在，辞职就可以走了，因为是国家分配，根本不可能有那么大的胆子不要工作了。根据当时的政策没有其他办法，只有重新分配，而且必须是在规定的时间内，还要有合理的理由。当时云南省跟四川省有一个协议，就是“知青大返城”，四川的知青就回到四川，只要你是知青，云南的也好、四川的也好、上海的也好、北京的也好，只要你想回去，云南必须放人。我就去跟省公安厅的领导谈了我的事情，说我如何想干回本行，说能不能把我退回学校，让学校重新分配。他们也很理解，但提醒我这样其实对我日后找工作影响不好，因为不知情的人会以为我这人有问题，不胜任国家分配的工作。我既然已经下定决心，就觉得无所谓了，最后经过一年的周折，我被退回了成都。

宋 靖：那回到成都以后您就从事摄影工作了？

陈 锦：回到成都，摄影也只是我的业余爱好，但我一直在拍，我的目标还是希望走上专业道路。

我被分到了成都市机械局一个直属厂——成都配件厂。那时这个厂很火，是四川很好的厂，在那儿待了大半年时间我就被调到了出版社。调到出版社有几个原因，主要就是跟我的专业有关。就像前面说的，大学毕业后我已经写了很多东西，拍了很多东西，而且有论文发表，大家觉得这个人好像可以培养。

你的眼光可以放开一点，可以把看到的一些东西放到一个更高的层面进行理解

宋 靖：您的《茶铺》是目前影响最大的一组作品，当初怎么想到要去拍摄这样一组作品？

陈 锦：其实最初我是以追求沙龙画意摄影起步的。1980 年我的第一张摄影作品发表在《春城晚报》的周末副刊上，拍的是峨眉山的雪景，我把它处理成有点像水墨画的效果。当时我拍的很大一部分照片的内容和拍摄手法都是沙龙画意式的，或者追求古典文学或西方造型艺术影响下形成的美学倾向。

说到这一点，还得感谢我上大四的时候，我们中文系开了两门课——音乐欣赏和美术欣赏，这对我在摄影这条路上很多方面的理解产生了很大影响，打破了所谓的专业壁垒，将眼光延伸。当时音乐欣赏课一般是下午上，美术欣赏课是晚上上，几乎每

堂课都是座无虚席，为开阔我们艺术世界的眼界起了非常重要的作用。当然，我那会儿包括毕业之后做的摄影严格来讲还是在起步阶段，直到 1984 年我去了出版社工作，才真正开始接触专业摄影。

峨眉雪霁 1980 年 陈锦摄

其实当时有两个单位都希望我去，一个是四川日报社摄影部，一个是四川人民出版社，后来我选择去了出版社。我想我还是选对了，毕竟在出版社时间相对宽松，方便摄影创作。当时出版社有个摄影编辑室，有摄影编辑这么个身份，所以也算是专业摄影。

当然，出版社工作有它的规律，拍摄所采取的手法一定要跟当时出版市场的发展相结合，不能随心所欲地自己去搞创作，要有所限制。但有一点非常幸运，在我的摄影道路上有两位老师对我来说非常重要：一位是前面说的肖老师，他影响了我开始选择摄影、走入摄影，并对摄影有相对正确的认识；还有一位很重要的老师就是我们出版社摄影编辑室的领导穆航远老师。他在我们四川是非常有影响的，是省摄协的副主席、中国摄协的理事，也是非常好的一个人。其实我小时候就认识穆老师，他的大女儿跟我是同学，当时把我调到出版社来也是因为有这层关系在里面。还有一个原因就是我确实适合当他的助手，那会儿他正和中国摄协理论部的龙熹祖老师筹划编一些跟摄影理论有关的书，以前出版社没有人能够帮他做。他把我调去以后就开始具体编一些这方面的书，其中有一套其实在当时来讲应该算是比较前沿的书，但因为市场的问题后来没有编完，这套书叫作“外国摄影名家丛书”，主编就是龙熹祖老师。他现在已经80多岁了，属于理论界的前辈。他以前是搞理论的，长期研究摄影，手上掌握了很多资料，他把自己用心收集的名家画册资料编好后，由我作为责任编辑来出版。

那个时候有很多名家画册实际上很不容易看到，包括卡帕、亚当斯、韦斯顿、曼·雷等人的专集，我都编过、出过。当时我们计划是出20来本，但出了七八本以后市场反响并不好，毕竟当时发行渠道有限，结果出版社就不敢出了。后来想想其实那套书在一定范围内影响还是很大的，关键是这套书的编辑过程就是我学习的过程，开阔了我的思路。

做编辑就是有这一点好，可以近水楼台地接触到比较新鲜的东西，接触很多老师，以及和他们有联系的人，这也帮助和促使了我自己写一些东西。所以我记得当时尤其是80年代那段时间，基本上每一届全国摄影理论年会我都会写一些论文或者亲自去参加。现在回想起来，我本人的特点加上我工作的优势，使我能够不局限于所谓“盆地人”的环境，而能有机会经常出去交流互动，这有助于打破我自己的一些局限。当时在编辑部，穆老师除了在工作上会给我们一些帮助外，我觉得最好的一点，也是他影响我最大的一点是他的包容，他经常提醒我们不要把眼光仅仅放在编辑上，眼光应该更宽一点，他帮助我们打破了仅仅为了工作的摄影思路，让我们去尝试一些其他方面的摄影，包括后面我选择的纪实摄影。

拍茶馆这样一个题材是从 20 世纪 80 年代开始的。当时我们爱到处跑，能够感受到有很多本土的非常具有我们自身文化特色的生活现象和民间文化正随着社会时代的变化而变化，在变化的过程中我们觉得有非常值得引起大家关注和需要传承的题材。我学文学出身，又有过社会调查的经历，加上在摄影理论方面不是那么局限，所以我觉得我虽然身处内地这样一个非常具有地域特点、地域色彩的环境，但是眼光可以放开一点，可以把看到的一些东西放到一个更高的层面进行理解。摄影首先具有记录的功能，它可以为这个社会人类历史的发展做一些实实在在的事情。可能当时就是基于这样的一些认识，我就想把我们周围接触的、我们最熟悉的一些可能要改变或消失的生活现象和文化现象，通过我们的眼光和方式拍摄下来。当时想法比较朴实，就是想着怎样把相机这样一种工具的特性发挥出来。当然在拍摄的过程中也在不断总结、认识和思考，寻找切入点，以点带面。后来之所以找到茶馆这个题材，一是作为四川人比较容易理解，二是茶馆对我们每一个四川人来讲都是生活中非常重要的一个元素。它不单是喝茶的问题，还是四川人生活的一部分，也是四川文化很重要的部分。实际上通过茶馆这么一个场景、一个点，切入进去进行挖掘，能够把四川一些很重要的地域文化现象，包括我们四川人对生活的一种态度和理解方式概括出来。茶馆就像一个舞台，我们通过这个舞台能够了解四川人很多其他方面的生活，所以我就逐渐把自己的摄影方向固定到茶馆这个题材上面，不间断地进行了几年的拍摄。实际上在这个过程中我也并不是只拍茶馆，也拍其他东西，但至少我是把茶馆作为一个专题很自觉地来进行拍摄的。

宋　靖：您大概拍了多久？

陈　锦：当时比较有意识地做这个专题是从 1989 年开始的。那时我经常利用业余时间找个茶馆坐坐。成都的茶馆很多，当时我们单位在盐道街，挨着的几条街都有老茶馆，不工作的时候或者中午就可以出来坐茶馆。这样一方面可以拍东西，另一方面实际上它就是你的生活，你走进去很容易，哪怕你今天去了没有拍照，你也能够通过这种体验来逐渐加深你对茶馆文化，乃至于对四川人生活态度、生活观念的理解和认识。

这个拍摄过程大概持续了两年的时间，也就是在 1992 年的时候，我就出版了我的第一本专辑《四川茶铺》。那是一本 16 开的书，碍于当时各方面条件有限，作品本身积累不算丰富，出版印刷一般，现在看起来显得比较粗糙，但在当时的历史时期，一个摄影人能够推出自己的一本带有浓郁地域文化色彩的专题性摄影著作是非常少见的，所以书出来了以后被摄影界大家所认可和关注。我觉得我当时的摄影理念从某种角度上讲是走在前面的。

因为我对影像有这样一种认识，同时我用影像的手段去做了这么一件事情，于是就让别人觉得这是一种很好的表达方式，它能够影响到一些人，或者让人从中得到一些启发。其实后来一些朋友在跟我交流的时候都会谈到这一点，觉得当时《四川茶铺》对他们还是有很大影响的，觉得原来我们可以这样在摄影界做一些事情。

宋　靖：后来您又出了一本《茶铺》，是之前作品的延续吗？

陈　锦：这本书是2008年出的。在2006年的时候我出了一本《市井》，开本比较大，装帧也比较豪华，按我自己的要求是要利用国内当时能够达到的最好的标准和条件去做，所以那本书的印刷成本都要200块钱一本，定价是680元。最早的时候印了1000本，后来又加印了1000本，共印了2000本。

《市井》有800多张图片，很厚的一本书。其实到目前为止我自己都觉得那本书的编辑思路是一个突破，而且不仅对我自己来说是一个突破，也是当时摄影界对摄影画册认识的突破。因为这本书严格意义上来讲是一个文化产品，在里面我使用了很多元素，包括照片、文字，还有其他方面的影像元素，比如我们出土的一些文物，从三星堆的青铜像到汉代的说唱俑，再到后面的绵竹年画，等等，只要是跟我们四川的市井文化有关的影像元素我全部提炼出来了。

茶馆是我们市井文化很重要的一个现象，所以《市井》也包括了茶馆的单元，它反映的不仅仅是茶馆，还有生活的方方面面，我就通过“市井”这个概念把它梳理出来，把它作为一个结构，完成了一本影像著作。其实《市井》不是单一的一本画册，它里面的影像有800多张，已经够多了，只不过有大有小，有的非常小，有的一页上就有9张，但是这9张都相互关联，可以看成是9张，也可以看成是一张。这实际上就是一个结构，是一个产品，是艺术的一种完整的表现。现在你去看一个展览，并不是说仅仅去看某一幅画，而是要看这个展览本身，这个展览给你呈现的是一个完整的艺术理念。我就是用了这样一种方式，打破了仅仅是把作品放到一起的传统画册编辑方式，到目前为止我都觉得我当时的理念是很先进的。

实际上书真的不是让人去翻的，一定是让人去读、去品味的。其实2006年出这本书的中间我陆陆续续还出了好几本，包括上海评论家姜纬帮我编的《茶铺》、上海文艺出版社出版的《感怀成都》，还有四川人民出版社出的《川人茶事》，等等，都是跟茶馆有关或者是跟我们的市井文化有关的。

不断突破自己，但这种突破一定是在自己过去经验的基础上不断有新的创造

宋　靖：后来您又拍了一组与之前的《茶铺》、《市井》题材完全不同的作品——《相》，能跟我们谈谈这组作品吗？

陈　锦：2008 年的时候我正好在做一个项目，一个关于中国 56 个民族服饰文化的项目。当时一家服装企业给了一点钱，他们想建一座中国 56 个民族服饰的博物馆，于是就请我来牵头做这件事情。我组织了一个六七个人的团队，有搞摄像的，有做文字采访的，甚至有收集实物的，因为必须要有这些东西才可能建馆。第一期项目我们先跑到民族文化资源丰富的云贵川。4 月份开始我们先到云南，在那里待了一个多月。5 月初回到成都本来说休整一下再到云南去，结果回来休整的过程中就发生了 5.12 地震。地震发生后很多摄影人都到灾区去了，但在灾害发生的第一时间我并没有去灾区，一方面我不可能把手上做的这个项目停下来，另一方面我不喜欢随大流。

在云贵跑了几个月以后，当年的九十月份我回到四川才走进灾区，去的目的其实还是为了服饰，比如说羌族聚集区是这次地震中受灾最严重的地区，也是我这个项目中最重要的拍摄部分，地震对他们民族文化的破坏也是很严重的，我们的这个项目带有一种抢救的性质。

当然我们对灾情还是有很多感触的，就觉得拍摄项目的同时，肯定也要去选择一个方向、一个题目、一个突破口，比如找一个地震过后可能出现的问题，或者更加需要人们关注的一些现象。其实我真正拍摄《相》的时候是 2009 年了，这时灾情已经过去一年多了。实际上这时再去审视灾区已经有不同的眼光、不同的心态了，可以看得更理性、更深入或者说更开放，也就是说可以跳出地震这个事件本身。

为什么我把这个作品叫作“相”？“相”是一种现象和存在，但最后通过这种现象可以看到一个人的内心。为什么说“相由心生”呢？“相”是人心理一种外在的存在，一种外化的东西，怎样突破外在的存在回归到你对内心的一种认识，这就是对自我的一种超越。

影像创作本来就是一个修行的过程，或者说是人的精神境界提升的过程，我们不能说搞个展览出了本画册以后就达到了一个新的境界，但至少是在努力往这方面做。

选自《相》2009 年 陈锦摄

我把这些作品拿出来，是要告诉大家我想跟大家一起分享这个过程，这是我自身的一种体验。所以《相》显得更加个人化，跟我以前拍的《茶馆》在题材和表达方式上有些不一样，于是就造成一些人的错觉，觉得我现在转向了，怎么突然一下就有点当代了呢！但我自己并没有这个意思，我只是觉得可能很多人只是看到了我一个方面，就把我定性成一种类型的摄影家，没有想到我还有其他方面创作的可能性。其实按我过去生活的经历、工作的经历，我应该算样样都做过的，包括我曾经开过影楼，拍过艺术照、婚纱照，甚至做过广告摄影，我的摄影经历应该说是相当丰富的。所以这次做《相》也是顺理成章的事情。

我觉得拍摄题材要与表达方式相契合，适合什么方式就用什么方式，不要有局限。其实人就是这个样子，总是希望不断突破自己，但这种突破一定是在自己过去经验的基础上，如果把已经积累下来的非常有价值的认识、对摄影的理念完全丢掉，把这种传统完全否定，实际上也未必可取，有些东西是需要传承的，这一点我们这一代人还是需要把握的。

年轻人没有什么框框，这是他们的优势，他们很容易去掌握一些比较前卫的、比较新的东西。我们在这个年龄段的时候也是一样的，但是你先要认清哪些东西真的有价值，好的东西最终还是要回归。作为有经验的或者说有摄影历练的老一辈摄影师来说，一方面要坚守自己的认识，另一方面也不能拒绝新的东西，关键是要找到它们之间的关联点，能够让自己不断往前走。

必须要用相机为人做一件好事

傅拥军

中国摄影家协会新闻纪实委员会委员
浙江省摄影家协会副主席
《都市快报》摄影部主任
快拍快拍网发起人

- 1969 年出生，浙江龙游人。
- 2000 年到《都市快报》任摄影记者。
- 2001 年获中国新闻奖和第 20 届全国摄影艺术展览金牌。
- 2001 年获全国十佳青年新闻摄影记者提名奖。
- 第 52 届（2009 年 2 月揭晓）和第 56 届（2013 年 2 月揭晓）世界新闻摄影比赛（荷赛）奖获得者。
- 2007 年获中国摄影金像奖。
- 曾三次获得中国国际新闻摄影比赛（华赛）金奖，一次银奖。
- 出版或主编著作有：《镜头朝下》、《纪实摄影指导》、《那么西湖》、《快拍快拍》、《手机摄影师》等。

西湖边的一棵树（获第 52 届荷赛二等奖、第 5 届华赛金奖）2006—2008 年 傅拥军摄

讲评：

傅拥军年轻时的历练、他的勤奋和踏实等等，都是成功摄影师所必需的，这些自不必多说，这里我想说的是一个人成长过程中的获奖激励。

傅拥军提到自己事业上的几个台阶，都与获奖相关，得到了社会的认可，然后他找到了新的继续走下去的方向。现在学摄影的学生不爱参加评比这是一个大问题。我在短片课上总和学生说，你们应该抓住机会努力做，四年大学其实只有半个学期你可以有时间集中全力去做一个片子。现实中我们所做的很多事情都是不可错过的，包括课程中的每一次作业，做光线作业能不能拍出极致的光造型，做构图作业能不能拍出很强的形式感，更不用说那些主题性强的纪实、新闻、人像课程作业。认真做便可能出作品。傅拥军很重视哪怕很小的一个评比，获奖对人是一种激励，对从业也是一个证明。从自学摄影到荷赛的常胜将军，傅拥军是一步步做到的，不是跨越式的。另外他讲到手上要有长期选题，可以同时有多个线索和思路，要重视平时的积累，这对搞纪实摄影是很重要的。

另外，对摄影专业的学生而言，选择一个适合自己的平台很重要。傅拥军真正事业的起步是在杭州的《都市快报》，这种都市报不需要深厚的理论基础，其核心是关心老百姓关心的琐事，这恰好与傅拥军本人的经历和志趣相符，所以他贴近老百姓的时候都显得特别自然和亲切。

我觉得他是靠直觉摄影，用一种非常平静、简单、直接的方法去记录。我们的学生要学习他这种主动和积极的精神，不管将来是在哪个地方发展。

根据傅拥军提供资料及电话采访内容编写

当记者之前已经在社会上滚了好几遭

我读高中的时候成绩不是很好，大学考不上，就考了这边一个汽校（浙江汽校）。在驾驶技校学了两年，就为了当卡车司机。汽校毕业之后就分配到我们龙游汽车站。我第一个职业是汽车司机，开着老解放牌卡车跑长途；第二个职业是交通警察；第三个职业是汽车站派出所民警；第四个职业是县文化局的驾驶员；第五个职业才是报社记者，从浙江到北京，又从北京回到杭州……但我认定了一件事情就会去做，我是一个行动派的人。

中学时我喜欢文学，当时的理想是将来能当作家，那时候就喜欢写小小说，写散文。工作之后就把感受转化为小小说，写过大概十多篇，后来开车看到漂亮风景就动了念头，想要拍照片。因为我老家在小县城里，接触的东西并不多，我能够看到的都是报纸副刊上的刊头照，这种照片比较简单，都是山水小品，我就买了相机模仿这种拍法。因为本身有点文学基础，拍出来的照片报纸很容易就用了。我是一个不满足的人，报纸用了之后我就想着能做得更深入一些。

我觉得因为我做过很多的岗位，就是说，做过很多的工作，这对我在短时间内认识这个社会是怎么样的，以及开阔自己的眼界是有帮助的。摄影不仅仅是学会技巧就行了，还需要了解社会，知道其本质是什么、你的处境是什么，然后才能知道你要用摄影表达什么，才会有所选择。几段人生经历算是让我了解了社会生活。

最早影响我的摄影人

摄影上最早影响我的人是鲍卫东，《衢州日报》的摄影记者。他有一张照片记录的是“严打”，就是公开审判的情景，一个妇女抱着一个孩子，旁边站着警察。他这张照片就和别人的角度不一样。

我刚开始就喜欢纪实，一群人出去，别人拍风光，我拍纪实。在文化局工作时送戏下乡，人们都盯着台上拍，我看鲍卫东站在边上拍，我就也离开舞台，站在凳子上，拍了一张台上唱戏旁边有人赌博的照片。片子发给《法制日报》，有个人给我打电话，说照片准备用。后来我才知道给我打电话的就是知名女记者居杨。

当年在龙游街上有个小瞎子，十二三岁，背着一个算命箱子，我拍了一组他算命的照片，题目叫“揪心的眼睛”，《中国青年报》居然头版登出来了，《羊城晚报》、《衢州日报》也都登了，好多人看了之后寄钱给小孩治病。有的老板说：“只要能治好，多少钱都会出。”一张照片能产生这样的社会影响，而且还能帮助人，这是我原来没想到的。照片在《羊城晚报》发表时是该报现任图片总监颜长江做编辑，寄稿费的时候，他特意给我写了几个字，鼓励我有好的报道继续投稿。有次我去拍摄“老街最后的剃头匠”，讲一个老剃头匠的生活，寄给颜长江，他说我的照片缺少交流。颜长江的几句话无疑影响了我以后的专题拍摄。

还有一次是龙游搞创作活动，我拍了一组“超生游击队”，内容是一对父母带着六个孩子在砖窑里东躲西藏，《人民摄影》编辑尹玉平说我的照片方向是好的，但是没有立体感。什么是“立体感”？就是环境、细节、关系，我听进去了。

那时候有一件事我印象很深，我们老家那边有一个新华社组织的摄影活动。那会儿我还在文化局工作，单位领导让我去杭州接一位嘉宾，就是拍《大眼睛》的解海龙。我看过解海龙的希望工程作品，他对我最大的启发就是让我知道摄影可以对我们的国家和社会发挥巨大的影响力。他在那样的环境下拍希望工程付出了很多，我看了特别心动，觉得自己应该有一个更高的目标，不能仅仅只是拍一些刊头照。当时接上解海龙后，我就开始问，问了一路，一直问到他不吱声了，我回头一看，他睡着了。但是他说的“摄影上要坚持”的话我记住了。后来解海龙记不住我的名字，就记住“一个小伙子来接我，从机场去龙游不停地问我摄影，怪了！”

那之后就开始有目的地去做一些自己的项目，那时候接近 2000 年，新世纪快要到了。当时我老家并不太富裕，到乡下看到很多贫困的老人，我就给自己定了一个主题“世纪末的老人”，想着马上要跨入新世纪了，中国还有很多老人生活在贫困线以下，我就当作图片故事来拍，一个老人拍一个故事。那时候本来是打算拍多一点，但毕竟摄影不是本职工作，这个专题大概拍了七八个老人，拍了之后基本上都在一些报纸上

老牛迷途（1999 年全国新闻摄影年赛铜奖作品）1999 年 傅拥军摄

登出来了，这对我的鼓励很大。虽然我拍得不是很成熟，但发现自己对人物故事拍摄很感兴趣，就萌生了当摄影记者的念头。

我想当记者，但没有文凭，家乡的《衢州日报》没要我。2000年，我到了刚成立的《龙游报》。当时国务院新闻办公室图片库（ChinaFotoPress，简称CFP，今天汉华易美的前身）要找签约摄影师，我就当上了第一批签约摄影师。其实那时，大师作品我都没有好好看过，但签约摄影师的经历和过程还是打开了我的视野。

有一次我到建德拍照，一个街头小书摊上有《光与影》杂志，还有阮义忠编的两本《摄影家》，那是我第一次看到张海儿的照片，很有趣，还有台湾摄影家拍的一个台湾老兵，后边有个招牌"人家吃肉我喝酒"，太有意思了！站在那个小书摊前，我突然开窍了，就掏钱买下了杂志。到现在我还经常翻那几本杂志。

在文化局工作时，我偷偷攒钱买了尼康F90X，摄影包随身带，我的包比局长的包都好。我觉得每个人都有不同的故事，然后用镜头把他们的故事拍出来，感觉挺有意思的。有次我一出门，看到110警车牵着一头牛慢慢走，我追了一里多地，拍了两个胶卷。后来这张照片上了《都市快报》头版，得了全国新闻摄影年赛铜奖，这是我第一次得全国奖，高兴极了。刚开始摄影的时候，我也没有具体跟谁学，都是自己去学的。暗房技术我是跟上海的一个表哥学的，因为他那时候会到我们老家给村里的一些人拍拍照片，然后洗出来，我就跟着他从洗胶卷放大照片开始学，但那时候仅仅是学会而已，后来慢慢地去看书钻研，这样一步一步自学的。

人被重视，就会被打开，就会自信

2000年的一天，我在"杭州网"上看到杭州《都市快报》招人，我就赶快发了一封应聘邮件，把自己的作品、简历都附上。半个月后，我接到通知去杭州面试。三点钟面试，进报社大门前我到旁边的小店买了一瓶啤酒给自己壮胆。进去面试时心里"咚咚咚"直跳。面试的是个女同志，她问："从哪里来？怎么来的？对都市报了解吗？一场车祸发生了你会怎么采访？"她问的问题都是我能回答上来的，但是我根本不知道考我的正是总编辑杨星。

半个月后，我到杭州《都市快报》上班了。《都市快报》很"年轻"，1999年创刊。报纸的节奏很快，文字图片要求自然真实、贴近百姓。我们报社机制很好，很适合我这样想干活、能干好活的人。

我一去报社就干得如鱼得水。10月份，我拍了一群姑娘，天气冷，她们拥在一起取暖，没想到领导把我这张照片用在了头版。当年杭州西博会设立万元大奖，我的一张照片就得了一万元。随之我在报社的地位一下子就确立了，很快就得到了重视。人被重视，就会被打开，人就会自信。

2001 年，我参加了中国记协和《中国青年报》联合举办的十佳青年新闻摄影记者评选。在这届评选中，戚恒、李舸、柴继军、程铁良、齐洁爽、余海波、王岩等获得十佳。我和胡国庆、陈更生、居杨、周寅杰、张风、赵迎新等获得了提名。多敬业的一批人！他们都是水平很高的人了，在他们面前，我就像一个从乡下刚进城的孩子，拼命问了很多问题。柴继军看了我很多照片，他的话不多，几乎就一句话："图片里多余的东西太多！"我问该怎么拍，他说："什么打动你就拍什么，拍好它。"

有一次，那是个星期天，我从外地采访回来，在杭州复兴路，水积得很深，有辆车驶来，不减速，一个大姐被溅得满身是水。我连续拍了好几张，还追上去指责驾驶员。周一，我们报纸的"视觉新闻"发表了这张照片，还有我写的一封公开信：

你好！"487xx"。我是快报摄影记者傅拥军，很凑巧，你昨天下午在杭州复兴路上驾车驰骋，飞溅的水花毫不留情地泼向路边的一位弱女子，她哭了。我拍下了全过程。也许你不会相信她会流泪，但你一定要相信，除了泪水，更多的是你溅起的脏水，在她痛苦的脸上流淌。你知道吗？当你飞速驶离现场后，那名弱女子浑身都湿透了，在冷冷的寒风里，她直打哆嗦。我必须告诉你的是，她当时并没有骂你，我看见她涨红了脸，不停地抹去脸上的泪水和脏水。我们的编辑将你的轿车局部放大，你的车牌号码，特别是你和你身边的乘客当时的表情，一目了然，让我倍感痛楚——这就是文明的杭州吗？我不知道，当这个女子出现在你面前，当你的车已经水花四溅，你的车为什么还要开那么快？我知道你是一个男人，你的"勇气"、你的一往无前，留下的却是弱女子的无力招架和无助的哽咽。当你看到这组照片后，你会拿出你的勇气向这位女子说一声"对不起"吗？我和我们的读者都期待着你的声音。

我的电子邮箱是（略）。

同时，我们也想请读者参与，你认为司机会开口道歉吗？请致电。

公开信一登出来，当天中午就接到了司机的电话，他说热线太忙，他打了十几次电话才打进来。他说他没看见，他要向大姐道歉。但到了下午，他又来电话了，有点

我觉得你应该道歉 2004 年 傅拥军摄

气急败坏地骂道“傅拥军不是人！”因为到了下午，新浪网、新华网都登了，还有一些他的个人信息，他觉得是我公布了他的家庭情况，让他丢了大面子……其实是网友对他进行了“人肉搜索”，公布了他的资料。

再比如《我好想爸爸妈妈》这组照片，就是第56届“荷赛”获奖的那组，最开始源于一张名为《宝贝不哭 明年再来》的照片。那是2006年暑假快结束的时候，我到杭州火车站采访，人山人海，“小候鸟”——那些留守儿童——回家了，杭州至重庆的火车启动后，几乎所有车窗都露出了一张张小脸，脸上挂满了泪花，脸上同样有泪水的家长说得最多的就是：“不哭不哭，明年再来。”当时我不停地按快门，然后拍到了这张照片，后来我们《都市快报》也登出了，登在头版，反响挺大，很多人要跟照片上的女孩结对子什么的，因为当时没有留下她的名字，我就通过报纸和自己的博客去寻找这个孩子，直到2007年6月1日，快报第7次刊登《宝贝你在哪里？有一份节日礼物要送给你》后，才找到这个小女孩——她叫傅香君，重庆忠县涂井乡小学学生，爸爸妈妈在杭州打工。后来也因为这张照片，我们发起了一个公益活动叫作“杭州市为留守儿童送路费”，只要留守儿童给我们写封信，经过核实之后我们就可以给他五百块钱路费，到现在已经有上百名孩子获得了资助，来杭州与父母团聚。

在中国留守儿童有六千多万，但这些留守儿童其实是很无辜的，我觉得我们这个时代对他们有愧疚，这个群体需要更多的人来关注。所以那张照片出来之后，我就进行了关于留守儿童的调查，拍了好多好多照片，出差也好，采访也好，只要碰到我都会进行调查拍摄。找到那个叫傅香君的小女孩后，我自己跟她结了对子，因为她也姓傅，我觉得跟她挺有缘分的。后来我就一直跟她保持联系，每年都会到她家里看看情况，聊聊天，尽可能多地帮她一点，在这个过程中当然也拍了一些照片。后来在我和同事的帮助下，她到了杭州读书。她刚来时上初一，成绩并不好，后来开始用功，到初三的时候就成为班里第一名了。按照这个成绩她完全可以考一所杭州的重点高中，然后考一所好的大学，结果那年她爸爸给我打电话，说要把傅香君送回老家。我问为什么，他说因为重庆跟杭州高考的试卷不一样（当时还不能异地高考），所以必须把她送回家。

其实我在关注傅香君的同时也关注了中国的高考制度。后来我也就跟着她一起回家。她是很不情愿回老家的，因为用她爸爸的话说，他们村那个地方风景很好，但村里几乎一半的人都在外面打工，村里很多房子都破烂了，他们那里成了典型的“空心村”，这也是我关心的题材。结果去了之后我发现他们家里真的是都快烂掉了，晚上只能到傅香君姑姑家睡觉。傅姑姑家在山顶上，要爬两个多小时的山。傅姑姑热情接

宝贝不哭 明年再来 2006 年 傅拥军摄

待了我们。在那里我了解到，光他们村就有 21 个留守儿童，这些孩子很可怜，经常中午午休的时候就会做梦梦到爸爸妈妈。傅姑姑是学前班的代课老师，她对这些孩子很好，像妈妈一样照顾他们，我当时就决定去这个学校看看。在学校我拍了老师和孩子们的照片。我也不知道日后能不能帮上他们，但我想至少可以把给他们拍的照片送给他们，所以我就让他们坐在教室后面的秋千上，给每个孩子拍一张。拍的时候傅老师就说能不能帮她跟孩子们拍张合影，因为这些孩子有一天毕业了就要离开她了，他们感情很深的。我拍着拍着就发现，给孩子们单独拍的时候，他们中的大部分眼睛都不敢看镜头，但是和老师合影的时候就敢面对镜头了。这个细节让我挺感动的，无形当中我也拍下了孩子们作为留守儿童的一种普遍心理现象，他们害怕，没有安全感，孤独。

我回到杭州后，洗了两套照片，一套是送给孩子们留作纪念的，另一套我是想让孩子们写上名字再寄给我，因为当时拍的时候人和名字都对不上号。结果照片寄回来了又让我很感动，有些孩子在上面除了写名字还画了画，画了爸爸，画了汽车，还有的孩子写了一句话——“我好想爸爸妈妈”。后来我参加比赛，照片标题其实就是孩子们取的。我觉得这组照片之所以能得奖，是因为我一直关注中国的留守儿童，才有机会拍到这组肖像。拍完这组照片之后我并没有停止，到现在我还在继续拍，这些孩子长大了，每个人都有自己不同的成长故事，这些都是很值得拍的。我觉得有必要专心地拍好一个人，一个人的故事其实就是全部的故事，就是我们大家的故事。

西湖正是我实践自己摄影观的地方

我们摄影部任务很多，但对每个摄影记者都有这样的要求：“必须要用相机为人做一件好事”。其实，我们还想用摄影帮助更多的人，能帮几个就帮几个。但要帮谁，能帮上谁，确实是缘分。

2005 年过年前，一间茶馆的姑娘们在门口扫雪，我给她们拍照，她们问：“能不能见报？能的话就寄回家里去。”第二天，这张照片发表时的题目叫“我在杭州挺好的，快报帮你送温暖”。那天的热线电话特别多，本来只是一张关于下雪的跟天气相关的照片，却引来了对打工人群的关注。

于我自己而言，我在杭州也蛮好的，尤其西湖帮我实现了摄影观。

其实我拍西湖和我去北京的一段经历有关。2005 年，我怀着梦想到了北京，正好《竞报》要人，我想尝试一下做大新闻。在北京，我的眼界开阔了很多，接触了很多外国摄影师，参加了一些中外名家拍北京的活动，这样我的事业就完全不一样了，有了很多收获，当然也饱受了磨炼。在《竞报》我是做图片部主任，这就意味着需要花很多精力去管理，所以拍摄上我就给自己放低了要求，就专心去拍一个东西。我很想去记录一下 2008 年奥运会之前的北京，记录下这之间北京的变化。正好北京前门胡同要整改，我就集中精力去拍这个，所以在北京的大段时间我都用于拍摄正在改造中的前门胡同。本想着一直拍到 2008 年，但 8 个月后，我弟弟出车祸去世了。我家就我们哥俩，出了这事，我的心彻底沉下来了，命运不允许我做，我断了这个念。回到杭州，回到《都市快报》，我开始沉下心拍西湖。我坚定了自己的摄影观：把眼下的事情做好，拍摄身边最熟悉的东西，西湖正是我实践自己摄影观的地方。

只要不外出采访，我每天都会带着相机去西湖边逛逛。每天早晨，我都起得很早，先送女儿到学校，然后就到西湖，无论刮风还是下雨。在西湖我就当在休息。对西湖我永远有热情，每走几步都会看到不一样的东西。在西湖拍照片心要诚，心诚就会碰上令人意外的景象。那只在白堤码头飞跃的猫，好像一切都是注定的。其实我之前根本不知道猫会跳过来，我先是远远地看到一只猫突然出现在岸边，然后看到它在树下找东西吃。我走近码头，心想这猫会不会是从码头跳过来的，如果它能跳过来应该也能跳回去。10 分钟过去，猫没来，15 分钟过去，猫还是没来，但码头上的值班员看到我埋头趴着一动不动，以为我想搞破坏，就过来问我要干什么，我说那只猫是不是码头上的。值班员看到那只猫就大声喊："咪咪回来！"猫听到他的唤声，一下子就从岸上飞跃到了码头上。

西湖每个季节、每个时辰都在变化。杭州人有句名言："晴湖不如雨湖，雨湖不如夜湖，夜湖不如雪湖。"当然，西湖并不尽是美丽，西湖去多了，什么样的人都能碰到，有时真是出乎意料！

《西湖边的一棵树》2009 年得奖，不仅仅是荷赛颁发给我的，更是世界颁发给中国的，是全世界对一座中国城市——杭州的肯定和赞许。记得有一次我看一本杂志，里面是老外拍的介绍中国改革开放 30 年的一个专集，正巧里面有一张照片就是杭州西湖的，拍的是西湖边的一棵树、一个凳子，画面很简单。那个凳子是石头凳子，不像现在都是木头的，我很好奇，就去找这棵树，结果没有找到。突然我就觉得这个挺有意思的，十多年过去了，还会有一个人去找人家拍的树。然后我就想，其实我也拍了好多西湖边的树啊人啊景啊，比如我每次路过断桥白堤，都会拍一张断桥下去靠右边的第九棵树（印象中是这一棵）。那棵树左右各有一个凳子，很对称，后边是保俶塔，

西湖捕快 2007 年 傅拥军摄（选自《那么西湖》）

杭州标志性的一座塔。西湖边有很多树，大多没有名字。我“中意”的这棵树也没有名字，它只是西湖边一棵没有编号、没有“名分”的桃树。西湖像一个大舞台，这棵树花开花谢就像舞台的幕布，不断变化，而树下形形色色的人才是主角。我用相机为它拍了很多很多“剧照”。它的每一次抽枝发芽，每一次花开花谢，每一次落叶凋零，都留在了我的镜头里。其实 2000 年我刚到杭州就开始拍摄西湖了，但那时拍摄都是无意识的，时间长了，片子积累很多。几年前我开始计划我的西湖专题，而那棵桃树则成了我的一个“西湖基层联系点”。几年过去，我已经积累了至少有一千多张照片，后来我就把这些素材放在一起，觉得这些构图一般、用光一般、色彩一般的照片突然变得生动而具体，而且非常有艺术感，关于一座城市的质感、生活、生命，都体现在这些照片里面。后来我选了 9 张照片组成一组，拿去参加了“荷赛”，结果 2009 年初就获奖了。

事实上，像这样的树在西湖边有很多，每一棵树都见证着很多故事。

现在很多人把这棵树的组照当作我的代表作，其实，这棵树只是我西湖专题的一个切入点，我同时进行拍摄的还有断桥、宝石山、新西湖，等等。拍西湖，我觉得很有意思，也很快乐，我还会一直拍下去。

与北京相比，杭州的生活是平淡的。而平淡的日子里，有很多有意思、有意义、有价值的东西等待我去捕捉。我在博客里写“真实最美丽　有点意思好”，这两年中国新闻摄影圈假照片的丑闻很多，我很难过。我觉得新闻照片真实是底线，不能破。画面再完美，如果不真实，也没有意思。生活中那些有点意思的画面，虽然不是很完美，但却很真实。我有自己的“一点点”原则：即一点感动、一点意外、一点情趣、一点心酸、一点警示、一点幽默……总之，让你看完一眼再看一眼，有点意思的就好，不能太贪心。

这里面是中国最真诚动人的生活景象

我觉得纪实摄影和新闻摄影是有所交融的。有时新闻摄影的作品整理在一起可能也就变成了纪实摄影。作为一个新闻摄影师、新闻记者，其实我们从事的工作应该是最接地气的，特别是都市报记者，每天面对的都是普通百姓的生活，都是中国正在发生变化的东西，我们在日常工作中可以记录这个时代的变化。

我所在的《都市快报》，非常注重跟读者之间的互动，我们当初设立了一个栏目叫作“每天有意思的照片”，很多摄影人给我们投稿。后来投稿的人越来越多，很多照片都发表不了，我们就建立了一个比较简单的论坛，大家的照片传上来之后还可以在上面交流。再后来论坛也满足不了了，我们就专门设计了“快拍快拍”网，大概是在2010年9月份的时候正式上线的。

说起“快拍快拍”网，我觉得它很独特，它里面的影像是最真诚动人的生活景象，很多作品都是来自普通老百姓的生活，因为现在我们进入了人人都会摄影的时代嘛。当然我们从中也会做些引导，鼓励大家拍自己身边的东西，也经常发起各种各样的拍摄活动，比如说拍自己的家人，春节回家拍拍老爸老妈。还有就是经常做一些公益拍卖活动，比如我们提出来拍一张照片帮一个人，像类似的活动我们搞了很多。经过几年的时间，网站注册会员就有几十万了。在移动互联时代，我们的同名APP也是非常有竞争力的，里面有很多的社交功能，非常有互动性，大家可以在里面发起一些活动。

我们这个网站上线之后，全国就形成了一种快拍现象，人气很足，照片也非常生活化，接地气，有很多的好照片产生了。后来我们出了一本叫《快拍快拍》的书，成了摄影书里面的畅销书，一共销售了两万多本，接近三万本。后来各大摄影节也都邀请我们去参展，几乎全国各地的都市报都到我们这里来学习“快拍”，所以后来在全国各地建立起了很多类似的快拍网站。

如果要给学习纪实摄影的年轻人提个建议的话，关于选题我觉得刚开始学的时候，不妨尽量拍自己熟悉的东西，或者跟自己有关系的东西。因为纪实摄影要求摄影师必须要做一番调查，对于自己熟悉的东西或跟自己有关系的东西，相对来说，认识程度会比较高，这样拍起来可能容易成功。

很多时候其实不能急，有的作品需要时间来证明，不要太功利。我的两组荷赛奖作品并不是为了获奖而拍摄的，其实就是平常慢慢积累，积累到一定程度它才能够出来。

我在“快拍快拍”网上发起过一个活动叫作“快拍365天”，就是必须每天拍一张照片上传，如果不坚持你在网站上的相册就会被删掉。刚开始的时候有一千多人报名，到最后有四百多人坚持了下来。如果真的一年坚持下来，那就是一本书，可以让我们回过头去看这365天。如果功利地去拍，很多东西可能就坚持不下来。在这里面我就发现有好多人拍的非常好，他们虽然拍的是普通的东西，但是很有感染力。我自己也带头去拍，然后回过头去看这些照片我就发现，它们其实就是我平常看到的很想跟人分享的东西。我觉得这些东西有时比我一些工作性的照片要好得多。

第二年我又挑战自己，快拍365天，我每天拍一个人，每天拍一个大头像，我把它的名字叫作“看相”，我在上面写了一句话：“365天每天都会遇到不同的人，这是一种缘分。我准备将这样的缘分拍下，留作这一年的记忆。”

这个其实很有挑战性，为什么呢？因为我是用手机拍的，我要把被摄者的大头像拍出来，就必须征得对方的同意，如果没有好的沟通可能会有人不让拍，所以说这就要考验我们的沟通能力了。我觉得这个过程非常有意思，也留下了好多很可爱的肖像。摄影师应该有很好的沟通能力，这其中最基本的方法就是要真诚。

我们还做过一次全国性的手机摄影评选，应该是国内当时第一个手机摄影评选。我觉得手机摄影是一种不可逆转的趋势，现在人人都有手机，没有人不会拍照片。摄影就是一种语言，就好像我们说话一样，大家都会，关键是看你怎么去说。我觉得一个好的摄影师应该擅长把摄影转化为语言，把你看到的东西表达出来；另外我觉得这也说明了摄影除了记录之外，还可以用影像来说话，来表达对这个社会的一些看法、一些评价，这和纪实摄影的核心是关注人、关注社会的发展，方向是一样的。

我个人有好多同时进行的主题，比如说街头碰到的一些奇奇怪怪的现象，我都会积累起来。我的电脑里建了很多文件夹，比如说动物、肖像，其中还有一个叫“没什么意思”，因为我觉得有点东西不妨先拍下来再说，我们这个时代很多元，没有一个国家像我们中国目前所处的这个情况，她正在发生变化，这种变化其实正是国家发展当中的必然，我觉得作为一个纪实摄影师应该有这方面的敏感度，应该随时关注并记录下来，也许将来可以把它们进行整合，讲述某个故事。我现在鼓励大家多去拍，其实“快拍快拍”就是有点这个意思的，“快拍快拍”并不是说要拍得快，而是要多去拍，“去拍去拍”的意思。

我觉得从事纪实摄影首先要有兴趣，应该对人、对生活特别有热情，因为从事这个工作是要跟人打交道的，如果说不善于跟人打交道，可能会碰到一些困难；还有就是现在纪实摄影的处境并不是很好，只有真正喜欢并且去做，你才能体会到它是一件很有意思也很有意义的工作。我们所处的这个时代是个伟大的时代，伟大的时代需要产生一些伟大的作品，但是现在好的成系列的作品其实是很缺的。我觉得现在需要能够安静下来的人，能够独立思考观察的人，他也应该能够忍受孤独，在这个漫长的创作过程中可能不会得到鲜花掌声。

关于靠纪实摄影生存这个问题，现在互联网很发达，它是个很好的平台，传媒经常会出重金求好的摄影专题，只要你有好的东西其实还是不愁没地方发表的，也不会没有回报，但你要说靠这个发财，可能是有点难的。我觉得努力去做至少不会饿肚子吧，处境也不会差到一塌糊涂，养活自己应该是没问题的。

狗问题（2006 年度全国新闻摄影年赛金奖作品）2006 年 傅拥军摄

对话“幸存者”［首届中国国际新闻摄影比赛（华赛）金奖作品］2004 年 傅拥军摄

台前幕后（2005 年度全国新闻摄影评选金奖作品）2005 年 傅拥军摄

邢慧娜挤丢冠军（2005 年度全国新闻摄影年赛银奖作品）
2005 年 傅拥军摄

固守自我的思想者

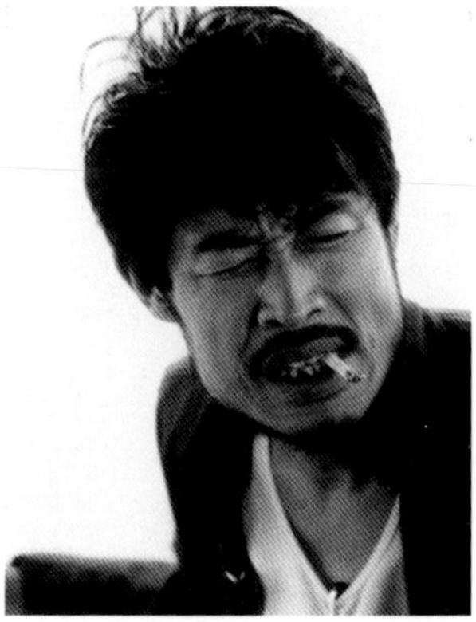

侯登科

著名摄影家

- 1950 年生于陕西凤翔。
- 1969 年到西安铁路工程处参加工作，先后担任工人、俱乐部放映员、工会干事。
- 1992 年任西铁集团公司办公室副主任。
- 1982 年举办《侯登科摄影作品展》（临潼）。
- 1983 年参加《大众摄影》举办的“黑白摄影作品九人联展”（北京）。
- 1985 年加入中国摄影家协会。
- 1985 年参与、组织“西北风”摄影展。
- 1986 年举办“侯登科摄影作品展”（郑州）。
- 1986 年发表文论《现状与思考》。
- 1987 年发表文论《自觉的历程》。
- 1987 年策划、组织“艰巨历程”全国摄影公开赛。
- 1989 年出版《侯登科摄影作品集》。
- 1989 年发表文论《现实与幻想》。
- 1997 年出版《四方城》（合著）。
- 2001 年出版《麦客》。
- 2003 年病逝，享年 53 岁。

《麦客》之一 侯登科摄

讲评：

到我策划这套书并开始一个个地访谈列表中的摄影家时，侯登科已经去世十多年了，但能够从很多人的话语中感受到他的影响依旧存在。于是我找到了侯登科的好友、纪实摄影家于德水先生，他们俩一个是陕西摄影群体的代表，一个是河南摄影群体的代表，都在20世纪八九十年代的文化思潮中留下了浓重的一笔。于德水没有过多追忆他们那个时期的创作经历，而是直扑主题，把他酝酿许久的关于侯登科以及那一代纪实摄影先行者们的实践与思考的总结回顾说了出来。于德水最后给年轻人的忠告是非常中肯的，可以说是他们那代人用青春和生命换来的真知灼见——搞纪实摄影要踏实，要实践，要思考，这样才能厚重。

根据访谈侯登科挚友于德水口述整理

审视与批判

侯登科从小生活在农村，他的第一个人生目标就是离开农村，有一个稳定的工作。有了工作就有了生活的保障，当时农村是没有保障的。这也是许多农民的社会理想，也让他看到了农民和农村生活与这个社会的距离。侯登科并不是一开始就有意识来做摄影的。他当时所处的社会环境与教科书上差不多，按照计划经济给定的模式来进行，处在一个相对简单的状态。在 20 岁之前，也就是在形成人生观的最重要的阶段，对生活困境的体验和对“文革”中社会困境的体验构成了他对人生理解的两个主要背景。

后来侯登科在铁路工程队当了一名产业工人。铁路工人比起一般的产业工人来说，流动性大，随时准备抢险，非常艰苦，实行的是准军事化的管理。因为侯登科从小在农村长大，受到的约束小，从小个性就有两面性：一方面抑制自己，另一方面又有一些自己的个人看法想要表达出来。这个阶段，他对艰苦的劳动有一种反感，铁路工人用的铁锹比在农村用的还重，而且现实中的产业工人与以前从宣传画上得到的印象有很大的差距，这更多还是力气活。这种工作状态，加上当时阶级斗争的氛围，为侯登科的世界观成型做了准备，这个准备过程也是他理解产业工人的过程。对他来讲这个阶段更多的是人生经验的积累，以习得为主，看见什么是什么，在知识方面的积累没有。

侯登科工作以后，因为有画画的特长，生活空间拓宽很快。当时要“斗资批修”，需要画画的人，于是，1977 年他离开工程队，到了机关。他在那里更多地看到产业工人艰辛的一面，当时的社会环境也让他看到周围的社会比农村复杂得多，残酷得多。

侯登科 1979 年真正接触摄影，当时他用的是一台海鸥 4 型相机。那时单位要求学习马列，正是在那个时候，他开始囫囵吞枣地阅读《国家与社会》、《德意志意识形态》、《共产党宣言》等书籍，还有毛泽东的一些著作。这对他很有帮助，他认识到还有这么丰富的人与人之间的关系，而且意识到一个人的生存环境是不断营造的，不是一次决定的。他开始摄影的时候，一般是别人给一点胶卷，或是要到一点胶卷，就拍一点。1980 年侯登科拍了《亲人》，在《工人日报》上发表，紧接着拍了《子弟》，引起了一些争论。从一开始，侯登科的拍摄就流露出对社会生活的理解，拍摄的重点就在人与人的关系。

1983 年以后，随着对社会和政治的了解，侯登科更多的是把摄影作为一种批判的手段。第一个作品集带有一种审视、冷峻、判断的目光。那种创作图像、理解图像的方式与当时的文化界状况有关。当时文学界的《班主任》、艺术界的星星画展都在批判极左思想，这比摄影界的观念早转化了两三年。当时的摄影还是延续“文革”后期那种概念化、口号式的作风。当时全国思想界、文化界都在进行自我批判、自我反思，对过去和对正在进行的社会生活进行审视和判断，摄影界却没有反应。摄影本身应该是接触现实最直接的，但在当时的作品中，在摄影评论中恰恰看不到这些。

在侯登科之前的陕西摄影群体中有胡武功等人，在观念、实践上起步都比较早，后来有石宝琇、潘科等人，大家动机不完全相同，但目标基本相同，都感觉到摄影界的观念落后。当时没有那么多现成的理论武器，就把当时文学界已经给定了的东西，顺势拿来套，和摄影界对比，或者说是希望摄影界这样发展。那时候得到了许多朋友的帮助，包括北京四月影会的一些朋友的帮助。当时的一些媒体开始介绍国外的摄影状况，对他们这波人形成新的启发。这个过程一直轰轰烈烈地进行着，直到 20 世纪 80 年代末的“艰巨历程”。

在那以前，还有乌托邦的思想在起作用，在那之后，人们从高热的政治期待进入现实认同之中，计划经济留下的最显著的那些东西正在消失，很多人回头看自己的生存环境，看自己脚下的土地，从外向的溯求转向内向的反省。

这个过程发生的时候正是侯登科的世界观基本成型的时期，与前期的那种摄影相比，他一直在为自己将要进行的摄影寻找一条必需的新的出路。这不是要张扬自己的个性，摔打自己的情绪，而是首先切切实实认识自己身边的现实，认同自己生存状态的合理性。侯登科开始认识到摄影可以弄一两张好片子，可以对有的事情入木三分，但是要想有对中国社会深刻的认识，摄影还做不到。

返璞归真

1989 年以前，侯登科把想要说的话都放在摄影中，是一种明火执仗。1989 年以后，正好是侯登科开始把摄影作为手段而不是作为目的出现的阶段，这种状态明显消失了。这首先是基于对现实的认同。好不好，笑也罢，哭也罢，不尽人意也罢，先把它认下来，接下来；其次，也不要企图用几张片子对生活的某一方面做出非常深刻的描述，它做不到。侯登科自己很大的一个变化，就是自觉地把摄影作为思考的一种手段，就是和艺术彻底告别。他以前的摄影带着自以为是艺术的沾沾自喜，这其实是一种自欺和欺骗，那年以后的片子则相对松快，不那么沉闷。另外不像过去那么重视图像的装饰感，首先最要紧的是把现象先记下来，光线好坏先不考虑，相对来说在视觉上比过去要自由一些。

侯登科自己说过："看过我的照片的人就会知道，我谁都不像，我就是我。我也看国外摄影家的东西，但大多只是泛泛地翻翻，不进脑子。当然，好的片子也会在脑子里留下印象，比如卡帕、寇德卡，以及东欧的一些片子。这是因为我对现实的关注远远大于对图像的关注。现在有的年轻人的片子有时像这个摄影家，再过些时间又像另一位摄影家，在学步阶段这是一种方法，但是我当时不一样，基本上是摸着石头过河，直到现在仍然如此，大概这就是有人说我身上有着农民的顽固的原因之一。有朋友说我有农民的狭隘，过去我听着特别难受，现在却欣然接受，这是生存局限造成的，但是这种狭隘又造成了另一种结果，不经过经验，不经过现实认定，就很难接受。一种文化不应该用狭隘的观点去限定，但是必须要框定，不能宽泛到什么都接收，这是商业文化的特点，随时在修订，随时在接纳，随时在出卖。也是囿于我的固守，1989 年以后，我的思考的基本点还是在农村、农民。"

摄影是对现象的记录，现象从本质上是靠不住的，仅仅是一种影像的反射，是一种视觉现象，与真正的心理现象是有区别的。现在更能说明问题的是数字影像，这是从物理角度的解释。从社会角度来说，如果没有文字的说明，照片本身充满歧义。摄影面对的社会生活本身就是一种或然态的东西，是在或然态中来记录或然态，必然使图像带有或然性。这其实与摄影的主体性有关，站在不同的出发点，得到的结果就不相同，而侯登科后来更多的是在思考摄影带来的主体与主体之间的关系。摄影真实概念本身就包含欺骗性，这就是他后来很少用真实性这个概念，而更多地讲它的现实性、现世性的原因。这样他就慢慢地发现，摄影可以做多种用途。正是因为这样，摄影和我们国家传统的诗意美学或者画意美学结合得非常容易，摄影和主流的意识形态容易达成共谋的关系。

侯登科更侧重于对农民问题的认识。这是出身给他的使命，一种宿命。他既然认识到农民在社会进程中的作用，就要用摄影去记录农民如何在社会转型期痛苦地改变着自己的生存状况，改变自己的空间界限，这是他最大的一个愿望。但是就摄影来说，它的局限性还是非常大的，他面对这个问题还是力不从心，但是要离开摄影去做别的，又没有这个能力。

因为摄影，让侯登科关注现实，让他认识到以前对社会的认识原来有许多错误，是一厢情愿的。而且这种一厢情愿构成了我们认识的基础。摄影给我们带来的摄影之外的认识比对摄影的认识多得多。

在创作的时候，侯登科会拍摄一些图像线索，会考虑这个题目要有几个层次，在这几个层次上要有一些像样的东西，很具体地交代清楚时间、地点、人物；其次要增加照片的可读性，给读者提供更方便的阅读方式，主要是在文字方面，把照片的背景交代清楚，增加读者阅读的兴趣，这是《麦客》不足的地方。观者可以站在一个老板、一个小民工，也可以站在一个出来后再回去的村里人的视角，他想给人多提供一些视角和供人判断的材料，《麦客》虽然存在不足，但毕竟把判断权交给了大家。

中国社会正处在一个前所未有的转型期。我们应该认识到这个时期的摄影，除了传统上的教育和丰富人们文化生活的功能外，还越来越凸显出作为一种社会生产的功用。这是我们以前没有认识到的，它是一种工业，爱好它的人越多，消耗的资源越多，相关厂家、商家就越高兴。我们还需要认真考虑摄影的文化定位，高低暂且不论，但一定要准确，要定位在中国这个特定的环境。年轻的摄影师要多做事，多思考，少起哄。当代的传媒具有很强的操纵性，于摄影的结合更容易起哄，喜欢把事情做大，因此做摄影的人需要固守自己的人格和社会良知。现在各方面的诱惑太大，除了汽车、房子，还有价值观。人需要固守一些东西，我说的固守是指，不要轻易地把拿来主义作为一种自我成全的手段，这样在事业上可能会容易成功，但是人格上将一钱不值。年轻的摄影师应该首先学会生活，学会用摄影养活自己。摄影师可以挣钱，洋钱也可以挣，但是必须清醒地认识到哪些钱可以挣，哪些不可以，以前那种靠别人供养搞摄影的时代已经过去。摄影不能只是消耗，对年轻的摄影师来说，摄影已经成为一种生存手段。其次，能做什么做什么，不要贪得太多，现实生活是有局限性的，只能在局限中力争做得好一些，把事情做精细一些，不要企图面面俱到，这做不到，谁都做不到。

以上四图均选自《麦客》系列 侯登科摄

以上四图均选自《黄土地上的女人》系列 侯登科摄

做评论、做策展的纪实摄影家

胡武功

西安建筑科技大学教授、博士生导师
中国摄影家协会理事
陕西省文联副主席
陕西省摄影家协会主席

- 1949 年出生于陕西西安。
- 1969 年分配到陆军 63 师部做宣传工作，开始正式从事摄影。
- 1975 年转入传媒，进入陕西日报社工作。
- 1983 年采访陕西安康特大洪水，所拍《洪水袭来之际》获中国首届“最佳新闻照片奖”、“中国新闻特别奖”。
- 1984 年被评为“全国优秀新闻工作者”。
- 1986 年参与组织召开首届全国摄影美学研讨会，并编辑（合作）出版《摄影美学初探》，同年《摄影家的眼睛》出版。
- 1987 年发起主办了“艰难历程”摄影展，分别在中国北京、日本东京展出，并参与主编出版大型画册《中国摄影 40 年》。
- 1990 年出版《胡武功摄影作品集》。
- 2001 年出版《西安记忆》，同年开始作为独立策展人先后为 20 名摄影师策展，展览分别参加平遥、桂林、武夷山、丽水和连州多地国际摄影节。
- 2003 年出版《藏着的关中》，同年合作策展“中国人本——纪实在当代”，分别在中国北京、上海、广州，美国纽约，德国柏林、汉堡、慕尼黑、法兰克福等地展出，并合作主编出版同名画册。
- 2005 年出版《中国影像革命》。
- 2006 年出版《昨天——我的人文关中》，同年当选陕西省摄影家协会主席。
- 2007 年出版《民间记忆》。
- 2008 年合作策展“中国民间体育”，分别在中国北京、广州、西安、台北、高雄、香港等地展出，同时合作主编同名大型画册。
- 2009 年出版《烟火人间》，参与编辑大型摄影画册《见证——改革开放 30 年》，由牛津大学出版社出版发行。
- 2010 年出版《告别老西安》。作为总策展人，与中央电视台合作拍摄 22 集大型系列纪录片《时光》，较系统地介绍了 20 位中国当代纪实摄影师的作品与成就。同年策划“中国纪实摄影 20 人”大型展览，合作主编同名画册。
- 2012 年出版《影像的力量》。

新郎 1985 年 胡武功摄

讲评：

胡武功是军人，他在部队的时候是一位美术师，他、侯登科、于德水都是年轻的时候会画画，而且主要是会画毛主席，画毛主席画得非常像，他们都是有些才能、出生于普通家庭、有理想有才情爱读书，而且都是读大书的人。虽然他们地处偏僻，比如说他地处西安，但为什么他们在中国摄影界就这么被看得起？一个是他们的照片好，还有一个就是他们坐到你的面前跟你谈话的时候，绝对不是光谈摄影，他们会谈摄影以外的东西，谈意识形态的东西，谈真正文明的东西、文化的东西，一直在思考。胡武功现在出书，都是出理论的书籍，一张照片也没有，一出出好多本，他就是不停在写。而且我记得他好像现在也在用手写，不是用电脑。他永远是皱着眉头在思考。这就是为什么我们这么看得起他，为什么我们这么尊敬他，但是真正成为他的朋友的人并不多，就是因为他的个性。

陕西群体，是一个发出对中国意识形态的探索的群体。以前我们的摄影不关注百姓只关注“红光亮”，他们就这样突然回到了土地里去，关心民生，关注民生，留下那么多影像，一般人没有的。我觉得他们作为一个群体是非常棒的，取代不了的。而且对他们的访谈，一篇两篇，我觉得都不过瘾。现在学生一学习，都是布列松、寇德卡，对我们这么棒的摄影师都不知道。

我觉得摄影界就是一座金字塔，也是我说的历史的标杆。久而久之，只有少部分人能站在上面。他们用摄影留下一些经典照片。他们对这个国家责之切爱之深，爱是最重要的。胡武功就是这样的，他对这个国家，对这个民族，对这片土地，对百姓，对他自己的父母，都极其爱。还有一点，我觉得中国摄影史太值得研究了，因为中国摄影和西方摄影还不一样，中国的摄影和中国的变迁是紧密联系在一起的，而西方有些摄影是分离的。因为西方 17 世纪到 18 世纪没有什么太大的变化，我们却是急剧地变化，所以我们的纪实摄影是伟大的。但是我们现在的研究力量特别小，中国好的摄影批评家掰着手指都能数，好编辑也数不出来十个，好策展人也数不出来多少。但是这个越来越大的摄影群体，太需要引导和推介了。就是因为我们这个方面没有跟上去，这个群体越来越大，却越来越弱，永远也变不成摄影强国。我觉得只有摄影评论者越来越多，我们才可能成为摄影强国。无论是谁，他们一学摄影就都知道“拍得不够好是因为离得不够近”，他们一学摄影就都知道那些外国摄影师的名字。就因为有上万个人给那些人写过文章，上万个人在文章里提过那些人，给那些人定过位。所以我说我们的声音非常微弱，但是我愿意以我一己之力能为他们做多少事情，就做多少事情。

——陈小波

胡武功访谈

所有的知识对摄影都会产生影响

宋　靖： 在《从秦朝开始》这本书中，您以图文的形式描述了榆林地区的风土人情和名胜古迹，书中涉及很多历史、地理方面的知识，您怎样看待这些知识与摄影之间的关系？

胡武功：《从秦朝开始》是一部关于榆林的人文视觉图书，是我坚持拍照30多年的汇集。为一个地域的人群做较为系统的影像记录，不仅仅是记录表层的浮光掠影，而是对这个地域的自然、地理、历史、人文的综合考察，特别是对他们的生活状态、生活习俗、情感方式的认知与表现。而相应的地理、历史和人文知识是一个摄影师必备的素养，是准确理解、把握和表现特定人群的基础。

众所周知，人是社会历史中具体的人，是特定地理环境和历史造就的人。只有掌握了相应的知识，摄影师才可以清醒地从人性本体上认识和揭示特定人群的特征。我一向反对那种下车伊始、指手画脚、主观先验、导演摆布的拍摄做派。我不认为那是摄影，只当那是一种主观发泄、自私的个人游戏。

宋　靖： 您认为对摄影有影响的有哪些方面的知识？为什么？

胡武功： 在我看来，所有的知识对摄影都会产生影响。我们知道摄影分很多种类，你喜欢哪种类型的摄影，你就应当努力去做相应的知识方面的功课。比如你喜欢风光摄影，那你就需具备有关天气变化的知识、野外生存的知识。记得我年轻时喜欢拍华山，当时不懂气候变化的规律，往往是“起大早，赶晚集”，白费力气。后来学到许多察看天气的农谚，什么“早霞不出门，晚霞晒死人”，“云向东一场空，云向南水漂船”，出门前，看看太阳，观察风向，如此预知了天气的变化，十有八九能拍到好看的日出、云海。在山区活动，最容易迷失方向。向导曾教我许多辨别方向的知识，比如阴天雾天迷失方向，可找粗壮的大树，接近树根的地方长满绿苔的一面一定是北方。

当然这都是简单的间接与摄影有关的知识，而更重要的是思维方式、认识客观事物的方法，这方面的知识只能从哲学等社会科学中获得。宋代大诗人陆游说过一句名言："汝果欲学诗，工夫在诗外。"可见学诗不能就诗学诗，而应把工夫下在掌握渊博的知识和参加社会实践上。陆游在另一首诗中又说："纸上得来终觉浅，绝知此事要躬行。"所谓"工夫在诗外"，除了涉猎文本知识外，还要十分重视"躬行"，到社会生活中广泛涉猎，开阔眼界，活跃思维，增长才干。

宋　靖：在您的作品中，包括特别出名的照片《洪水袭来之际》，以及摄影集《中国人本》等等，总能够感到一位善者悲天悯人的胸怀，但同时也能感到对人间苦难的焦灼，包括天灾、饥饿、贫穷等等。请您谈谈对苦难的理解。

洪水袭来之际 1993 年 胡武功摄

胡武功：苦难是一种客观存在，苦难伴随着人类社会。人类无法躲避苦难，但可以积极应对苦难。就个体而言，苦难往往成就一个生命。我的作品可能涉及苦难，但是我从来没有把苦难作为摄影的表现主体。一些人在我的作品中看到了所谓的对贫穷、天灾和苦难的焦灼，甚至曾经给我扣上“土老破旧”的帽子，但是平心而论，在我和当年陕西群体的作品中，真是很难找到极端贫穷困苦的影像，尽管20世纪七八十年代中国大地充满贫穷和萧条。

其实我是一贯反对用摄影展示贫穷和消费贫穷的，我曾在我的《影像的力量》一书中写道：“纪实摄影的题材似乎离不开贫穷、苦难、灾害、疾病以及弱势群体，但绝不是展示，更不是消费……纪实摄影的重要性在于通过事物自身的存在形态，生动地表现内在的精神活动和文化冲突，人们欣赏影像的重要理由在于通过那不可重复的鲜活和灵气感应个中的人文品位。”

20世纪八九十年代的中国纪实摄影

宋　靖：您从什么时候喜欢上纪实摄影的？是什么契机促使您喜欢上这门艺术和记录形式的？同时也请您聊聊您喜欢上纪实摄影的那个年代的背景，以及纪实摄影在那个年代的发展状况。

胡武功：应该说从1976年“四五运动”开始，我就清醒地把镜头对向普通百姓的日常生活和他们的生存。不过那时我还没有纪实摄影这个概念，我和陕西摄影群体把自己的照片归为现实主义。我做摄影比较早，从1969年入伍被分配到师部宣传科开始就正式从事摄影。那时“文革”还没有结束，正是大搞阶级斗争、为政治服务的鼎盛时期，主流摄影是图解浮夸、导演摆布。有一次随部队在宁夏拉练中，我目睹了六盘山区农民群众的贫穷和困苦，心灵受到极大的冲击，开始怀疑自己的摄影观和方式。后经过近十年的探索和磨砺，才找到了真正切合自己的摄影理念和拍摄方法——从现实主义到社会纪实。

20世纪八九十年代是中国现实主义摄影和社会纪实摄影的起步与充满生机的时代，其最显著的标志是发生在1986年的“十年一瞬间”和1987年的“艰巨历程”两大影展。前者是对改革开放十年中国新时期摄影成就的集中展示，后者是以一种崭新的摄影理念对新中国成立以来近40年中国摄影的审视，并以摄影的方式对共和国“起步—动乱—转机”的艰巨历程所进行的展示。两个影展对中国摄影产生了深远的影响，尤其是“艰巨历程”影展在国外的展出，使外界第一次看到了中国摄影接近地气的一面。之所以

爬城墙的孩子 1996 年 胡武功摄

俯卧撑 1996 年 胡武功摄

说中国有了接近地气的摄影，主要是指一大批中青年摄影人突破了极左思想的禁锢，开始全方位地正视现实，直面人生，并在摄影中倾注自我判断，探索个性化的摄影语言，初步展现出百花齐放的繁荣局面。直到进入新世纪，2003 年在广州举办“中国人本”摄影展，中国纪实摄影发展到一个高峰。这个展览先后在德国、英国、美国等地巡回展出 6 年之久，其规模之大（共展出 601 幅作品），展出时间之长，都堪称全球摄影之最，产生了巨大的世界影响。

宋　靖：从什么时候开始，您决定将纪实摄影作为一生的追求，以致今天依旧对此倾注热情？是什么最终促成了您的这个决定？

胡武功：最初我只是稀罕摄影，喜欢摄影。1969 年，当摄影成为我的专业时，我就决定把它作为我一生的追求。

不可否认，在摄影过程中我也走过许多弯路。但是在国家遭受一次次挫折，老百姓包括自己面对一次次人祸时，我感到十分无奈、无助，无力制止，更无法扭转。但是我会照相，我应该忠实记录反映其过程的影像，特别是留下最普通的底层人的生活方式和生存状态以及他们的喜怒哀乐的影像，为自己的种族留下一份历史的备忘，尽一份自己的责任。

宋　靖：曾经看到过很多纪实摄影集，乍一看其中的照片，并不十分有冲击力，但是细读照片所配的文字，才发现每一张图片都有非同寻常的意义，那些照片记录的是与历史有关系的现在，同时又是很快变为历史的瞬间，以供将来的人对这些照片所承载的人、事、物进行考究。因此，有人说纪实摄影虽然拍摄的是当下，但它的读者是未来的人。换言之，纪实摄影是拍给后人们看的。您对此有什么看法？请谈谈纪实摄影在您心中有什么重要意义？

胡武功：应该说纪实摄影既是给当下人看的，也是给后人看的。也就是说它既有现实意义，也有历史意义。久远的纪实摄影如美国农业安全局组织的田野调查，迫使美国政府改变了农业政策，解决了长期存在的移民问题不说，我国解海龙的希望工程纪实摄影不但受到当下亿万人的关注，而且发挥了巨大的社会募捐效应，怎能说纪实摄影仅是为后人看的呢？我曾经较长时间认真地研究过纪实摄影，并结合自己的拍摄经验对纪实摄影下过如下的定义：那些以人道主义精神观察并再现直接影响人类生存、发展的影像，那些以人文关怀理念再现普通人生存状态、揭示人性的影像被称为纪实摄影。当然把纪实摄影移植到中国，必然要接受中国文化的洗礼，形成具有中国特色的纪实摄影。关于这一点我也曾在我的《影像的力量》一书中有过详细的论述，转抄如下：

在 20 世纪 80 年代以前，由于封闭的意识形态和闭关锁国，绝大多数中国摄影师很难接触欧美摄影文化，不可能有“纪实摄影”这样的理念。加上，中国没有欧洲的启蒙运动和文艺复兴，全民族缺乏现代文化洗礼，历史的缺程，使我们的传统中缺少关于人和人性的意识，沉积的是民与臣的理念。摄影深受实用主义歌功颂德之害，基本上无视生活现状和社会问题。当时，处于自觉初期的中国摄影师大都是以现实主义和批判现实主义作为精神依据，凭良知观察、判断和记录发生在身边的人和事。他们中大多数人从美术和文学中吸取营养，因此中国纪实摄影从开始就呈现出传统经典性的平面视觉特征。

前面说过，改革开放之初，中国的新生摄影是从一味歌功颂德的“新闻摄影”（实质上是宣传摄影）中裂变出来的。新生摄影一开始就把目光投进主流摄影师们从不光顾的社会问题和所谓“社会主义阴暗面”上，贫困农村、失学少年、弱智儿童、精神病院、乡村洋教、小煤窑、农民工、流浪儿等等边缘人群和弱势群体都是实现他们“人道主义”关怀的拍摄目标。随着改革开放的深入，世界摄影涌进中国大门，马格南、美国联系图片社、荷兰世界新闻摄影比赛的摄影理念使中国摄影师再次受到启发。但是中国摄影师又不能像欧美摄影师那样进入世界各地拍摄发生在那里的战争、冲突、饥荒、灾难、贫穷、疾病，而只能挖井式地开掘自己身边的社会与人文题材。这样，中国纪实摄影的外在形态，虽然缺乏欧美那样触目惊心的表面张力，即所谓吸引眼球的冲击力，却不乏中国文化特有的内秀——“润物细无声”。

国外纪实摄影常常是欧美摄影师看世界，是“他看”，“他看”突出的是事件、形态。中国纪实摄影是中国摄影师看中国，是“自看”。熟知的文化根基、相近的情感方式，使中国纪实摄影细致入微地揭示出深层次的民族文化心理冲突，结果使影像表现更深入、更准确、更真切。

中国纪实摄影把个体的命运遭际与国家、民族的变迁紧密联系起来，读者在观看主人公生存状态和人生故事的同时，了解了国家、民族的发展历程。因此，整体上显得更厚重和深沉。

但是，由于中国摄影的从业人员文化修养与学识气质先天不足，缺乏系统而良好的高等教育，加上浮躁、急功近利的社会影响，在相当程度上，中国纪实摄影表现出题材重复、视点陈旧、手法单调、影像呆滞的特点，尤其缺乏思想深邃、一以贯之、

橱窗内外 2002 年 胡武功摄

两代人 2010 年 胡武功摄

在影像上能产生广泛影响的摄影师。

当前纪实摄影的问题与思考

宋　靖：除了纪实摄影师，同时您也是一位策展人，可否站在策展人的角度，谈谈您对当前纪实摄影发展状况的看法？

胡武功：早在 1993 年我在自己的《中国影像革命》（中国文联出版社，2005 年 1 月）一书中就指出中国纪实摄影的三个误区。其一，虽然纪实摄影不能无视"土老破旧"一类题材，但绝不是唯"土老破旧"，甚至欣赏"土老破旧"。一些初学者东施效颦，模仿皮毛，毫无责任心地猎奇，甚至欣赏"土老破旧"，有的还用广角镜头变形、变态"土老破旧"，使自己的作品既丢掉社会价值，又失去审美功能，不能不说是陷入误区。其二，纪实摄影在自己的发展过程中逐渐形成许多属于自己的审美特征，例如随意性。可有的影友误认为随意性就是随便拍照，他们的作品既无摄影味的构图，也无相应的精彩瞬间，更看不出隐藏在作品中深层的主体意识。其三，纪实摄影当然要保持它那体现真实的客观性，但又必须同摄影家选择题材、提炼主题结合起来，这就是客观性与主体意识的对位效应。可我们有些作品缺乏客观性，有些缺乏思想性。

进入新世纪后，随着摄影理论界对纪实摄影概念的一再追问，中国纪实摄影发生了很大变化，甚至有人认为如今已是后纪实时代。我认为当前纪实摄影主流是继承和发扬 30 多年来积累的现实主义和人道主义传统，坚持关注现实、关注社会，但同时存在不可忽视的问题。关于这点我在《影像的力量》一书中有如下的论述，其中谈到中国纪实摄影实践与研究中的几个问题：

其一，消费苦难，启蒙自卑。

的确，纪实摄影的题材似乎离不开贫穷、苦难、灾害、疾病以及边远和弱势群体，但绝不是展示，更不是消费。从前文所举的中外摄影家和他们的作品中，我们能明显地感到一种强烈人道主义精神的光芒和人文关怀的慈悲良知。就像解海龙拍的希望工程，当纪实摄影师决定完成他们选定的题材时，他们已经把改变对象处境和命运当作一项工程在进行，这常常使我们比读他们作品更受感动。尤金·史密斯曾说，照片可能改变不了什么，但至少能产生影响，能引导人们去思考。传统的纪实摄影大都产生了这样的社会效应，而尤金·史密斯、解海龙们走得更远一些。

纪实摄影给摄影师带来的成功，很快被追名逐利者所效仿。加上高科技解放了生产力、数码相机的普及，使人们再不必为摄影的曝光、对焦、取景等技术问题犯难。更有私家车与村村通现代化交通网络的便捷，只要带足人民币，即可把前人寻觅追踪数年乃至十多年的题材在三五天内一网打尽。而那些附庸风雅的大款与官僚们更是把“车游”贫困地区拍摄当成一种消费与生活方式。他们像农民一样，“收获”一次，享用一年。回到家中，品茶、投稿、获奖、出名，哪能谈上人道主义关怀！

消费主义者会带去崭新的生活方式。当那些仍然以祖传的游戏方法——跳方、斗鸡欢度童年的贫困儿童意外地获得一点新鲜的小恩小惠时，纯真的心灵突然变得复杂起来。顿时，欢快消失了，以至于许久都不能恢复原先的心态。如此的“人文关怀”，无异于启蒙痛苦、启蒙贫穷带来的自卑感。

其二，满足于记录、再现事件与传播信息，缺乏表现人的精神活动和文化心理冲突。

急功近利的拍摄动机，“圈地”、“占山头”，缺乏对题材认真深入的研究，满足于表面记录和再现事物外在形态与传递某种信息，甚至只是浮光掠影、猎奇、“尝鲜”。岂不知，纪实摄影重要之处在于通过事物自身的存在形态，生动地表现内在的精神活动和文化冲突，人们欣赏影像的重要理由在于通过那不可重复的鲜活和灵气感应个中的人文品位。

其三，在所谓“后纪实”、“后现代”理念影响下，风行“呆照”。

随着时代的变化，纪实摄影的关注对象和关注方式绝不会陈陈相袭。一代人自有一代人的追求，提出“后纪实”的理念也不可厚非。但是，我们看到在“后纪实”和“后现代”口号的影响下，摄影界风行所谓时髦的“呆照”，画面中人物一律无表情，无精神。似乎只有“呆照”才前卫，才现代，才是艺术。摄影术发展到今天，制造者引为自傲的是他们把相机的快门提高到数千分之一秒，把感光度提高到数千度。这一科技成果为摄影师抓拍人物最精彩的体态与神情，提供了最有效的保证，没有理由把影像退回到摄影术诞生初期那种无奈的静照状态。对运动与变化的事物反应迟钝，对鲜活生灵视而不见，在社会纪实摄影中靠摆拍是“弱能”的表现。我们应当追求纪实摄影中精气神相统一的摄影形象！

其四，偏重社会学、人类学方面的意义，忽视影像自身美学价值的追求和研究。

无疑，纪实摄影的关注对象是社会的、人类的，它的社会学意义和人类学意义是突出的。纵观关于纪实摄影的评论，大都在畅谈作者的人文关怀与人道主义，畅谈摄影的见证作用。纪实摄影的重要价值当然在于作品所表现出的社会学与人类学意义。但是，它毕竟又是一种供人观看的视觉影像，因此，对作品影像的剖析，对影像视觉美感的阐释，以至于影像对视觉心理的意义诸方面的研究，不应该成为摄影评论的盲点和弱点。

其五，如何解读背题“文革”照片。

记得20世纪80年后期，在谈到《艰巨历程》获奖的一组“文革”照片时，我曾说过这样的话：摄影作品是个两面镜。它可能记录一个历史场景，同时也暗示着记录者的立场。现在我们可以进一步地说，摄影可以记录一个客观发生的场景，还可以记录一个人为的和虚假的场景。经过“文革”的人亲身体验过“被生活”的无奈，那时的“大批判”、“早请示、晚汇报”、“三忠于、四无限”貌似全国人民的日常生活，其实都是一种强加的“被生活”。依我的经验，即便这样的日常“被生活”，也少有人自觉地客观记录。而大量的照片其实都是摄影师和记者根据宣传需要再次人为组织导演出来的，应该称为“被被生活”照片。今天针对80后、90后的青年人和从无“文革”经验的人，客观地符合历史实情地解读“文革”照片应该是件审慎而严肃的事情。把“文革”照片当成一般的“老照片”，甚至当作社会纪实摄影加以盲目宣扬的做法，不利于对民族文化的反思，因此，是不可取的。

其六，坚持还是放弃，抑或另寻出路。

事实上，“各领风骚三五年”都已成为过去。不是我们跟不上，是这个世界变化太快。短短的30年，我们从没有纪实摄影，到纪实摄影风靡，再到今天的扬弃，这与社会生活、社会矛盾、社会审美的快速转变密切相关。今天的时代，已经不是禁锢与突破禁锢、禁区与突破禁区的过去时。加上网络的出现，为每一个人在精神层面的自由、自我表现提供了可能，纪实摄影实际的状况已不是往日那样单纯了。更何况，所谓人道主义与人文关怀的影像越来越多地遭到社会的质疑，纪实摄影的真实也遭到现实的颠覆。面对复杂的局面，我们将何去何从？

中国的纪实摄影是时代的产物，打着深深的历史印痕。30多年过去了，中国社会与现实生活都发生了巨大变化。摄影还将继续下去，寻求新的语言，采撷新的影像，记录和展现变化中的生活、生产和情感方式，是人类自然的诉求。纪实摄影还将备受青睐，只要社会存在，只要人类存在，只要人性不灭，纪实摄影就必将存在下去。

从总体上看，我们仍处在一个重大的历史转型期，我们有幸亲眼看到一个具有数千年农牧文明的社会蜕变为具备工业与现代文明的社会，这个艰苦的漫长过程为纪实摄影提供了实现其价值的历史机遇，这是纪实摄影还能坚持的理由。一直以来，纪实摄影就是人类追求真实的手段，就是一个理想的地平线。因此人类绝不会放弃纪实摄影，人类会珍惜自己的一切创造物，人类也会不断地发明新的创造物。

另一方面，一统思想的格局不再，自我意识张扬，必定为纪实摄影增添活力与新的内涵。虽然不是放弃纪实摄影，但也会像当年引进纪实摄影一样，给以新的阐释。

纪实摄影应是一个包容的概念，发展的概念。它不排斥一切探索和创新，尤其在摄影语言和影像结构上。可喜的是，许多年轻的摄影人已经迈出了探索语言与影像结构的步伐，给纪实摄影注入了新的活力。他们的实践，给“后纪实摄影”概念以影像的支撑，开启了崭新的视域。

变化是注定的。社会已变，环境已变，作为反映人与社会的摄影不可能不变。因此，另寻出路、自我肯定是后来人的必然追求，也是数字化必然要开出的花朵。但是我个人认为，那已经与纪实摄影的定义没有关系了。

顺其自然、尊重自然是我们唯一的选择。

宋　靖：您觉得年轻一辈职业和非职业纪实摄影人身上有哪些因素值得鼓励？他们在从事纪实摄影的过程中，尚存在着哪些缺陷？您对弥补这些缺陷有什么建议？

胡武功：年轻一辈摄影人大都受过高等教育，是有知识、很自我、有敏锐接受力的一代，这是与老一辈显著不同的特点，应该给予鼓励。

我十分关注当下的年轻人尤其是大学摄影专业的学子们，首先关注他们如何用摄影语言来表现自己的内心世界，这种语言完全是独到的，是结合个人生命体验的。

第二，我比较关注他们是怎么样来真实地、用自己独特的眼光看待他们所生存的环境的，也就是如何实现对社会的关注。这种关注不一定是关怀，尤其不仅仅是字面上的关怀。批判也是一种关注，揭示也是一种关注，热爱也是一种关注。

多年来，我十分关注西安美院和西安理工大学的摄影教育，并且一直兼任这两所学校的客座教授。我切身感到年轻学子有十分活跃的想象力和实际执行力，而且他们的主观意识、自我意识都十分强烈。这为他们学业的成功奠定了基础。但是他们的历史知识、社会知识欠广泛，加上目前中国摄影缺乏更为精准、多样和科学的教材，使学生在校期间所掌握的基本技能还不能适应社会职业的需要。例如，做纪实摄影，不但必须具备较为丰富的地理、历史、人文知识，还要掌握一定的田野调查技能、新闻采访手段等。这一切不足的改善，都需要教授者和受教者的共同努力。

用二十多年做一件事

解海龙

著名摄影家
中国文艺志愿者协会副主席
中国摄影著作权协会副主席

- 1951 年出生于北京。
- 1968 年海军北海舰队后勤部服兵役。
- 1971 年任北京市阀门四厂工人。
- 1980 年任北京市半导体器件十厂工人。
- 1984 年任北京市崇文区文化馆宣传部主任。
- 1986 年加入中国摄影家协会。
- 1987 年开始拍摄中国农村的基础教育现状，后集结成为希望工程纪实系列摄影作品。
- 1992 年关于中国农村基础教育现状的照片在民族文化宫第二届摄影节展出，并引起社会关注。
- 1992 年离开文化馆，加入《中国青年报》做摄影记者。同年，中国希望工程摄影纪实展在北京、台北、香港展出。
- 1994 年中国希望工程纪实展在北京人民大会堂展出。
- 1995—2002 年中国希望工程纪实摄影展先后在新加坡、马来西亚，以及美国旧金山、洛杉矶、波士顿、丹佛，加拿大多伦多等地展出。
- 2001—2002 年担任中国摄影家协会信息中心主任。
- 2002—2012 年担任中国摄影家协会组联部负责人、分党组成员、副秘书长。
- 2006 年被北京摄影函授学院聘为教授。同年，其代表作品《大眼睛》参加中国首场影像拍卖专场华辰 2006 秋季拍卖会，拍出 30.8 万元人民币的高价，在西藏援建一所希望小学，同时也为中国纪实摄影在艺术市场上正了名。
- 2007 年代表作品《大眼睛》编入小学语文课本和高中美术课本。
- 2009 年在中国版权年会上获得“中国版权产业风云人物”称号。
- 1996 年获中国新闻摄影学会特殊贡献奖；1997 年获中国摄影家协会特别荣誉奖；1998 年获中国文联、中国摄影家协会德艺双馨优秀会员称号，入围中央电视台经济频道改革开放 20 年 20 人特别节目，获全国十佳青年新闻摄影记者称号；1999 年获全国十佳广告摄影师称号；2002 年参与出版《大眼睛的希望》图文书籍，并获中宣部“五个一工程”奖；2003 年参与《抗击非典》大型画册出版工作，并有多幅作品入选，获第六届中国“国家图书奖”；2006 年获中国扶贫基金会“中国消除贫困奖（义工奖）”；2007 年被中国新闻出版总署聘为中国出版政府奖（图书奖）评审委员。

大眼睛 1991 年 解海龙摄

讲评：

解海龙的成长之路与同时代的许多人一样：当过兵，当过工人，又在基层文化馆工作过，他摄影的最初动因就是改变自己。然而在经历了很长一段时间拍摄沙龙风格的唯美照片后，他发现拍摄这些东西并没有什么现实意义，也不能带来一些社会价值。于是在请教过一些老摄影家后，他开始自费拍摄贫困山村落后的基础教育现状。

他去了湖北、安徽、贵州等很多地方，拍摄的这一系列照片正好被当时的希望工程发现，于是他的《大眼睛》便成了希望工程的代表，帮助许多贫困儿童实现了上学梦。解海龙以一颗朴实无华的心全力帮助那些需要帮助的人。直到现在，他仍将自己的稿费捐给希望工程，以帮助贫困儿童接受教育。在以经济利益为先导的商品经济社会，仍然有像解海龙这样的一群人存在，是社会进步的标志。直到现在，全国性的公益项目能和一个摄影师的名字联系在一起的，新中国的摄影史上恐怕也别无他人了。

解海龙平日里看起来并没有艺术家的派头，穿着朴素，但接触过他这个人你就知道，他能用自己的热情感染周遭的人，每当讲起希望工程便从心底里兴奋，滔滔不绝地说很多关于孩子们的事，满脸洋溢着幸福的感觉。

他的希望工程的照片最初并不是专为希望工程而拍，是希望工程找到并选用了他的照片。不过《大眼睛》所带来的社会影响在中国摄影界是前无古人后无来者的。他本人之后的创作也没能超越。成名以后，解海龙也担负起了领导的重担，将之后的人生继续投入到了推动希望工程和摄影发展的工作当中。放弃了创作，他把更多的时间放在一些琐碎但更有意义的事上，以各种力所能及的方式支持希望工程，普及摄影教育，实现了人生价值的更大体现。

借着解海龙的成长经历，我们还是要说说人与社会的切入点的问题。就像马斯洛原理，第一层肯定是生理需求的满足，解海龙最初也只是想让现有的生活状态变得更好一些。走向专业摄影道路以后，随着拍摄的深入，骨子里的社会责任感让他觉得他有义务帮助这些需要帮助的人，要为他们说话，为他们呐喊，要把他们的情况展现在世人面前从而引起关注，帮助他们改善现状。这也就成了马斯洛原理的更高层次，他有了自己的精神追求。所以我觉得任何人只要有一个本能的动机去拍照都是很好的。从本能出发，也许就会有更好的发展，这也是值得我们学生学习的一点。从本能出发迈出第一步，这一步迈出去了，社会是否承认你，是否有合适的机遇是其次需要思考的。如果没有第一步，就真正失去了让社会发现你的机会。

解海龙访谈

大多数人都是这么一步一步走过来

宋　靖：解老师，今天就想听听您的成长经历，摄影何时进入您的生活？是由于什么原因，什么作品对您产生了影响？又缘于什么机会去拍希望工程？

解海龙：我是 1951 年生人，家庭条件不好，到 30 岁时，没有生存能力，想学一门手艺，同时倾向于学艺术方面，于是就选择了摄影。虽然想法是这样，但一开始并没有明确的方向，纯粹惦记着拍照能登报纸，或者办展览时能选上一张。往后发展，就有了新的精神追求，中国摄影家协会会员就是当时的奋斗目标。再过一段时间，就想着举办展览和出小集子。后来，则思考着摄影要形成自己独特的风格。到现在有时候出国办展览，或者讲学和交流，层次在逐步提高。其实，大多数人都是这么一步一步走过来的。现在说来，摄影最讲究形成个人风格。

1978 年十一届三中全会召开，随后改革开放正式开始。那时我正值三十而立之年，拿起相机觉得挺好，于是开始学。现在看那个时候拍的片子，确实挺青涩，但那是历史，后来就办了一个展览叫“80 年代多余的底片”。什么叫多余？即社会认为你的片子不占主流。在那时候虽不是艺术，但现在看来都是珍贵的历史史料。

回忆起这几十年我还算幸运，一开始也只是见比赛就投稿参加，但慢慢就得了二等奖、一等奖，后来变成大奖，在国际影展上也逐渐崭露头角。到 1983 年、1984 年时，我迎来了创作的高潮期，每个月都一定会得奖杯奖牌，我把它们擦干净，放在家里柜子上面，摆成一片，老师来了，让他们看。

那时我的老师是文化馆辅导员刘加瑞，他身体不好，但是会针对每个人的特点进行指导。我把这些片子拿给刘老师看，他特别感慨地说了一句话：“你的这些片子留不住，虽然令人喜的东西能得奖，但是这些片子没有深层次的东西，摄影是要令人思考的，所谓令人喜的片子不如令人思。”这句话当时一下子点到我的要害。他走了之后，我反复思考了两三晚。我想的第一件事就是否定自己，把过去的东西收起来，不要影响自己，但其实心里挺不是滋味。恰恰在那个时候，我突然找到自己的问题所在，开始翻阅一些书，找书上关于社会的东西。看完之后，发现要想拍出有影响力的片子，需要了解这个社会。

1987 年，我到广西融水拍片，发现原来不仅有孩子上不起学，甚至还有老师背着孩子教书，这是城里看不见的现象。拍了照片之后，采访时他们不接待，反而说不要影响上课，于是只能想办法找到乡里人询问关于背孩子教书人的情况。这才得知，她是两个孩子的妈妈，两个孩子都不大，一个两岁，一个五个月，所以只能背着孩子教书。照片拍完回来后，我把照片拿给身边的朋友看。朋友们说你这个片子再摆摆，修饰感就强了。我说不应该这样，照片讲述的是故事，是哪年哪月在什么地方什么人在干什么。于是从那时起大家开始认可我了，我又找了很多资料，在本子上写鼓励自己的话。

宋　靖：那个时候您还没有去《中国青年报》吧？

解海龙：1987 年的时候我还在文化馆。当时我跟领导说想拍一组反映中国农村基础教育现状的照片，馆长说：“你去的费用怎么算？我们文化馆没有这个钱。”我说：“钱自己筹，但是希望能给一点时间。”领导说：“这是好事，但你为什么要这么做？你经常获奖，中级职称也解决了，也是我们这里创作先进的高产户。”我说：“我创作的路子不对。”我就制定了计划，买来地图，看山东、山西、河南、河北的路线。那个时候下海的人多，挣钱去了。我想：你们下海我上山。山是老区的山，大别山、太行山、沂蒙山、大巴山、乌蒙山、内蒙古高原、青藏高原，等等，这些地方是基础教育比较薄弱的国家级贫困点，大致就朝着这个方向去做。

我先去了大别山，24 天走了 6 个县。接着又去了沂蒙山，沂蒙山的县几乎全转遍了，然后又去内蒙古。从内蒙古回来，换衣服买了胶卷，直奔山西、陕西、甘肃、青海，随后在四川转了一圈。路上我有两次被打劫的经历，一次在陇西买票，手里拿着五十块钱刚要往兜里放，旁边的小伙子来抢。我其实已经注意到了他，他的眼神不对，知道他一伸手就没好事。结果他抢走了一半我拽了一半，我赶紧把拽回来的一半钱放进袋子里，又拿出钱赶紧买了票躲着他。我拿着票进站的时候他跑过来说：“大哥你那一半没用给我吧。”我说：“这是什么道理，你不抢是有用的，被你撕去一半肯定没用了。”他说：“既然你没用就别拿着了，给我吧。”我没理睬他就跑了。像这样的

1987 年 4 月，广西壮族自治区融水县安太乡寨怀村戴红英老师把不满 5 个月的小女儿背在身上教书，把 2 岁的大女儿用绳子拴在家中 解海龙摄

孩子，不能说他抢我钱就报警，其实就是因为没有文化，该上学的时候不上学才这样，分析完之后我想一定要为这些人做一些事。

还有一次在银川，路上有五个十六七岁的小伙子，上车把门封上后，把刀尖放在司机耳朵上，司机也非常害怕。他们说："你们都很辛苦到我们这里来，希望大叔大爷给我们一些帮助，我们这里很贫困。"说着拿出刀来，一边说帮帮他们，一边拿刀逼着车里的人拿钱。有的人拿出十块钱，有的人拿出五块钱，到我这里时把我吓坏了。我抱着相机，心想：怎么办呢？突然想到我袋子里有一个简易采访证。我拿给其中一个人看，他没文化，看了半天也叫不上名来，就给他大哥，他大哥说："你这个笨蛋什么都不懂，这是采访证，他是记者，记者得优惠。"然后就都跑了，他们也知道别惹记者。我一想，到处全是这些情况该怎么办？教育真是大问题。

第一年我总共跑了 12 个省 28 个县，拍了 70 个胶卷。那时候胶卷也是精打细算，有些片子看半天最后才按下快门。1992 年，我在民族文化宫办了一个大型展览，当时正好赶上第二届中国摄影艺术节在民族文化宫开幕，40 张照片一下子就引起了轰动。当时 13 个全国展览，包括吴印咸、简庆福等老摄影家的作品展，还有国际摄影艺术展览等，里面个人的没名儿的展览就是我的，而且放在过道里，因为没有展厅了。

看我这个展览的人很多，大家都主动捐款，钱就放在地上，几万人签字，一张纸签 100 多人，结果买了好几次纸，一捆一捆的。有的人从学校一下子就带来好几百个孩子，看完了感动地哭，然后捐款。

后来展览在台北、台中、高雄共展了 80 多天，也轰动了。片子从发表到年底的八个月时间里，总计收到捐款一亿二千万。一下子过亿了，很多媒体栏目都纷纷采访我，有《东方之子》、《改革开放二十年 20 人》，等等。此时，我从拍摄者、采访者变成到处演讲者，我讲孩子们如何渴望读书，老师们多么辛勤耕耘，讲他们一个又一个感人的故事。大家听完纷纷捐款。

宋　靖：那个时候您开始在报社工作了吧？

解海龙：1992 年底，《中国青年报》年纪大的人陆陆续续调出，一下缺人了。我那时已经四十一岁，又变成青年人，加入到报社。从那时我才开始用上公家的相机、公家的时间、公家的差旅费，这算是第二阶段。后来我再拍片子，就去了云南、贵州、海南、西藏、新疆等地，这些都是我原来没去过的、花不起钱去的地方，现在可以通过报社给的采访经费去。最后，计划中的 26 个省份，我全跑遍了。

我拿这个作为激励自己的力量

宋　靖： 哪些片子是您在文化馆的时候拍的？

解海龙： 凡是 1991 年以前的照片，都属于文化馆时期拍的，1992 年以后属于报社时期拍的。再往后，这些事被认可，就感觉到自己相机的分量，觉得不能再去参赛了，每拍一张照片，要讲出一个故事来，能感染一些人，能够让他也献爱心。慢慢地，一所又一所学校建起来，一批又一批孩子回到学校，我拿这个作为激励自己的力量。

宋　靖： 您每次回去，都要把相片做出来一部分吗？

解海龙： 要做出来，做出来之后，拿给身边的人或是我家里的人看。看完之后他们就会提出问题，我一个一个跟他们讲，讲完之后，大家主动要捐款。像文化馆馆长和文化局局长，看了《大眼睛》那张照片之后，都说很感人，也捐了款。我一看有这个效果，心中自然高兴。

当时中国青少年发展基金会和团中央领导看了照片之后特别兴奋，他们说就是缺这样的照片，一语胜千言。

我最开始战战兢兢办这件事，生怕别人说我拍社会的黑暗面，土老破旧，老少边穷。恰恰那个时候，邓小平有一段语录“宁可我们发展的步子迈得慢一点，也要把教育搞上去”，这句话特别适合做这件事的理论支撑，我们不能一味要发展，如果不抓教育，最后一定受影响。

后来发现为什么学校教育质量上不去，是因为老师纷纷脱岗，学生流失很可怕，老师流失就更可怕，希望的希望是老师。我举一个例子，当时保定地区完县有一个 30 多岁的年轻老师，他教毕业班孩子的数学，升学率挺高，可是后来看到别人在保定第一胶片厂打工，站岗当保安一个月能挣四百块，他在学校才挣一百多二百块钱，就动心了，把孩子们一扔，站岗去了。站了两三年回来，虽然盖房了，但是学生们的升学率下来了。家长问他能不能回来继续当老师，最后他一狠心，不挣保安的钱，返回家乡去教书。学校里冬天特别冷，没有煤，他就把孩子带到自己家，炕上是热乎的，在炕上教这些孩子们。

宋　靖： 电影《一个都不能少》是与这个故事相关吗？

解海龙： 《一个都不能少》的故事发生在 1992 年，希望工程已经做得轰轰烈烈。在河

1991 年 12 月，河北省滦平县拉海沟乡大店子村，气温骤降至 -20℃，孩子们烤烤冻僵的小手继续上课 解海龙摄

北白洋淀有一个知青，去国外留学的时候，看了我的作品挺感动，拿出了三千美金寄给家乡白洋淀，那时候人民币对美元的汇率是1:10，相当于三万块人民币。他说那里的老师太苦了，就捐给那里的老师每个人几百块钱，过年用。老师们很感动，每个人都写了封感谢信，流着眼泪写的。这时候北京电视台做了一个纪实片，名字叫“拨亮红烛”，讲的就是这个留学生拿出钱来给老师的故事。

这个时候，中华慈善总会建立了一个新的公益项目，叫“烛光工程”，当时他们把我叫去参与并担任常务理事，也把张艺谋请去，我们一起聊怎么好好宣传。后来在保定，我把40个山里老师拍成了一个完整的故事，做了一本画册。而张艺谋就编写了一个电影剧本，叫“一个都不能少”。

宋　靖：那您拍摄的这个“大眼睛”女孩苏明娟现在在哪儿呢？

解海龙：她1998年就当了团中央候补委员，当时不到15岁。到2000年她17岁那年，被增补为团中央委员。她上完高中，南京政治学院、中国青年政治学院全都想录取她，但她的分数只够上安徽大学金融专业。大学毕业后，很多单位抢着要她，她急着想做老师之类的职业，来回报社会。

宋　靖：那她现在在北京？

解海龙：被中国工商银行安徽分行录用了，现在管银行的档案。2013年6月，我和中国工商银行总行行长去采访她，总行行长准备出一本画册，说这是行里的人，得去拍。当时，银行里的领导都说非常喜欢她，她非常低调，从来没说过国家很多重要领导人都接见过她。前段时间国家领导人接见一百个希望工程的典型代表，让她去发言，发言完之后找不着她了，后来才发现她在大巴车里面藏着，她说结束了就准备赶紧回去，得上班去。我跟她讲中央领导要和她合影，她才去了。

我当年拍摄的这一代孩子现在都长大了，尤其像我拍摄特写的这几个孩子，都有了非常大的变化。像照片中的这孩子（“大鼻涕”）现在当了解放军。

这是以前拍的一张照片，一个老师扶着几个孩子过河，很危险，片子主题是主旋律，但是到现在，我翻底片时又看到另一张，一个八九岁的小女孩把鞋脱了夹着，背了一个书包，甩着小辫在河里蹚着，过河的时候一个箭步，自然的瞬间特别朴实、生动、感人。太过主观的东西不如客观记录，所以现在我主要整理这样的照片。

现在我们在做一个青年摄影师扶持计划，我这里每个季度招三名学生。这是纯粹

1998 年 6 月，北京人民大会堂，苏明娟参加团中央第十四次代表大会，当选为团中央候补委员 解海龙摄

的公益事业，学生不交一分钱，但给他们提供了方便，学生们都很高兴。

宋　靖：我觉得您的作品给人的感觉就是那样的心情，重要的是您现在不光拍图片，还有力地推动了一个这么大的国家工程，是前所未有的。

解海龙：就是 20 多年在做一件事。

就用这件事来让他们知道咱是好人

宋　靖：现在希望工程集资多少亿了？

解海龙：截至 2013 年底共收到善款 97.53 亿元。援建希望小学 18002 所，救助失学儿童 490 万人。

宋　靖：是什么机构在管理？

解海龙：中国青少年发展基金会，现在希望工程在全世界影响力还是很大的。我的一幅片子曾经拍卖了 30.8 万元，钱全部捐给西藏建了一所希望小学。这些年来，大家都希望公益透明化，不允许出现一点差错。

宋　靖：您刚开始是学相声的吗？

解海龙：我 1968 年当兵，1969 年上街宣传，编快板书、战鼓词演出，以此来宣传党的会议召开。后来作为退伍军人回到地方，我们都想当工人，因为部队复员转业的，到哪里都能得到重用，我们当了车间主任或者工会主席，领导一些岁数比我们大的工人。那时整天演节目，搞体育运动会、劳动竞赛等，我就拿着相机给他们拍，拍完上橱窗展览，我自己也演节目，变魔术等等，那时候我是活跃分子。

到后来我很羡慕文化馆的创作员，他们出去创作回来就可以办展览，于是很渴望到文化馆工作。1984 年，新中国成立 35 周年大庆，区里需要一个人去天安门拍照片。当时进天安门还要政审，我通过了，可以拿着相机进去，拍完之后我的作品得了全国大奖。区里交给的拍摄记录工作我也完成得非常好，领导特别高兴，说你怎么不去文化馆工作，于是就推荐我去了文化馆。

在文化馆的时候，我帮助六七十个人当了记者，介绍了中国摄影家协会会员上百名，可我最后还是文化馆创作员，也就萌生了当记者的念头。当我给我们馆长提出要走时，

1991 年 4 月，河南省新县八里畈乡王里河小学胡善辉（大鼻涕，8 岁）在大声朗读课文 解海龙摄

他说："这几年我当馆长你给我捧场，我们文化馆被评为先进，今天你要走，我很难过，但是我送你十二个字：走出去，闯一闯，如不行，再回来。"

宋　靖： 然后您就去了《中国青年报》？

解海龙： 对，现在《中国青年报》一进门处还挂着《大眼睛》。

宋　靖： 实际上就是您自己自发先拍启蒙教育，拍出来正好跟希望工程对接上了，就用您的照片去宣传希望工程。

解海龙： 希望工程推动百万爱心大行动就是从我的展览开始的。50 多家报纸都使用了我的照片，40 张为一套，一共洗了 50 套，一个星期后，洗出来 2000 多张照片。

宋　靖： 现在的孩子们都觉得数码太容易了，那会儿给报纸的照片都得是洗出来的？

解海龙： 对，那时候在外面拍完之后就往家跑，回来就开始冲胶卷，冲完洗完，连夜送到报社去，报社夜里定了稿，第二天见报。我们摄影人过去的这种过程挺快乐，现在到了一定年龄的时候，还想把这个东西再拾回来，摸一摸胶片机，动一动放大机，再和弄和弄药水。谈到药水，尤其科班的，总得用上十天八天的时间，把这课补上。要不然一说配药都不知道，这不行，虽然可以不用，但是不能不知道。还是得摸一摸那东西，拿小秤称一称 3.1 克米吐尔，100 克的无水硫酸钠，怎么配，怎么弄。

宋　靖： 您讲几张照片吧，讲一下这些照片的背景。

解海龙： 刚才我讲了这么多，其实每到一个地方，都会有当地人问你是干什么来的，你必须跟他们打招呼，才能拍照片，要不然就会很麻烦。1991 年 4 月中旬，天气还冷，我来到湖北省红安县七里平镇周七家小学，学校有一间破破的教室，因为下雨了，我进去一看满屋是水，一帮孩子在那儿舀水，于是我赶紧拍了他们舀水的场景。可是待了一会儿老师进来了，这个老师喊了一声"上课"，孩子们"呼啦"一下跑到前面坐下。我在靠墙这个地方，拍了屋子的全景，特别感动，就留下了这么一段话："一场春雨过后教室里便是一片泥泞，孩子们仍然在这样的环境下继续上课。"

　　结果没想到在这儿发生了一场误会，这时候突然进来一个男教师，一把揪住我的相机带子就抢，我急了，奋不顾身地抱住相机，弄得满身是泥。这个时候同学们一看打起来了就喊，一会儿其他的人都来了，团团把我围住，他们一帮人指着我，好像抓

1991 年 4 月，湖北省红安县七里坪镇周七家小学，一场春雨过后教室里便是一片泥泞，孩子们仍然在这样的环境下继续上课 解海龙摄

住一个特务似的。其中一个人问："你从哪儿来的？来干什么？谁让你进来的？你什么时候进来的？你为什么拍这样的照片？"最后跟我打架的那个人还指着我鼻子说了一句："我一看你就不是好人。"

这个时候我一下就怒火冲天，突然想起身上带了封介绍信，我把包的拉链拉开，拿出团中央给我的介绍信，上面写着"关于介绍中国摄影家协会会员解海龙赴贫困地区进行基础教育调查的联系函"。这封介绍信，盖了公章，他们一看就不知道怎么办了。一位老一点儿的教师过来擦擦我后背上的泥，说："对不住啊，您是中央来的。"我气哼哼走了，但实际上就想摆脱他。一出去我就跑，跑到一里多外的地方，赶紧把相机胶卷拿出来，藏好了，又换上一个新胶卷。这时候心里才踏实了，这个胶卷还是保住了。可是没想到这个老师又追过来了，他说："校长让我来找您，刚才是误会，希望您不要往心里去，我们也是没有办法，因为不愿意这样的事让别人都知道。"我说："那好吧。"他说："我送你一段路吧。"我说："不用，你回去吧。"说完他跟我握手的时候又提了一个新问题，意思是校长说这张照片最好还是别发表，我说："好，听你的。"

我回到家，有半个多月时间我一直犹豫是否发表，他说我不是好人，要怎么证明我是好人？思前想后，就想给他们建一所学校。我找了 42 万港币，那时候汇率是一比一点儿，42 万港币相当于 44 万多人民币。这笔钱到了红安县的时候，他们一下子就震惊了，最后，用这笔钱盖起了一栋非常漂亮的二层小楼。半年多以后，黄冈市一个搞摄影的朋友给我打来电话说："我是黄冈市报社记者，你不认识我，但是我知道你在湖北红安县打架的事。"我说："你怎么知道？"他说："我们都知道，都传开了，现在告诉你一个好消息，来自加拿大的王华瑞老先生捐助了 42 万港币，学校盖起来了，他们很不好意思，说你能不能再去一趟，给他们剪彩。"我请示了报社领导，领导说这是好事，就用这个事来让他们知道咱是好人。

宋　靖：这照片上是盖好的新楼？

解海龙：是的。学校盖好了之后，十里八乡的孩子们全都到这里来上学了。那天我走进新教室，全班同学起立大声喊："老师好。"我说："咱们认识吗？"他们齐声回答："认识，打架的那个。"我说："对！"然后大家说说笑笑，在楼道里拍了一张合影。

另外一张照片里，当我发现妹妹上一年级，姐姐失学的时候，我把身上的五块零钱、一个本和一支笔给她，我说："你会写名字吗？"她就写上，姐姐叫杨永香，妹

1993 年 10 月，湖北省红安县七里坪镇周七家小学，加拿大华人王华瑞老先生在报纸上见到“湖心”学校的报道，捐资 42 万港币，建了新教学楼，孩子们高兴极了 解海龙摄

1991 年 4 月，河南省商城县苏仙石乡琉璃河村，14 岁的姐姐杨永香把得到的二十块救助款让给了 11 岁的妹妹杨永贵，妹妹激动得哭了 解海龙摄

妹叫杨永贵。“14 岁的姐姐杨永香把得到的二十块救助款让给了 11 岁的妹妹杨永贵，妹妹激动得哭了”，后来这张照片发表在《人民日报》上。

那年六一儿童节的时候，当时一位国家领导人在中央电视台新闻节目中说：“今天是六一儿童节，祝全世界少年儿童们节日快乐，但是不知道大家是否看到了《人民日报》上刊登的那对小姐妹……”这件事引起了关注，村干部找到她们家问明情况，后来她们姐妹都上学了。10 年后我去回访她们，20 年后我又去回访她们，家里变化特别大。

宋　靖： 您要是有时间，可以再集中地搞一次对比展览。

解海龙： 对，我也想过这样做，但实际操作很困难。首先需要有一段比较集中的时间去做，其次即使回访了，人也不好找，经常是回访对象进城打工了。现在人口流动性太大，找一个人不容易。

宋　靖： 《大眼睛》这张照片是在上课的时候拍的吗？这一束光是阳光吗？

解海龙： 是。在金寨县桃岭乡，早上起来，我为了拍摄背着包走在农村的乡间小道上，看着前面有四五个农村孩子有说有笑地去上学，就跟着他们拍，那次大概拍了八九张照片。一开始是拍他们背着破破烂烂的书包走着，后来我跑到他们前面拍了他们的正面，孩子们有些害怕。到了学校上课时，我拿着相机等这个小女孩抬起头拍了一张竖片，那孩子一抬头正对着我，眼神里有一点点惊恐的感觉。这是自然光从窗户照进来的侧逆光。

宋　靖： 这是长焦拍的？剪裁了吗？

解海龙： 没有，丝毫没有剪裁，这组照片里没有一张剪裁过的，拍片的时候就注意构图了。

宋　靖： 这就是拍胶片练出来的。

解海龙： 那张片子也是，用的最大 f/2.8 的光圈。那天天阴得很厉害，这孩子在上山拾柴的路上，拿着一把镰刀，光着脚丫子，满地都是石渣滓，还下着小雨。当天有人开吉普车拉着我，我说这个孩子肯定有故事，往前开。开了二百多米之后，我叫司机把车停下，换上 200 毫米的镜头，开到 f/2.8 最大光圈，就等着她慢慢过来。她还不知怎么回事，往前走的时候我拍了张竖片。我问她叫什么，她说叫李成妹，说了些情况，然后就走了。这张照片后来刊登在报纸上，影像语言很丰富。

1993 年 10 月，贵州省水城县保华乡东升村，12 岁的李成妹没有上过一天学，无论刮风下雨她都要去山里砍柴
解海龙摄

宋　靖：您说的“小光头”是哪个？这孩子现在在哪呢？

解海龙：“小光头”就在无锡的锡山区，他大学毕业后，到工厂做工。有时也到各地接各种业务，经常一个人在外跑。有时到北京来，就在我家住两天，经常向我通报信息。我觉得挺好，他们都大了。

2005 年 5 月，北京“中国青少年发展基金会”院内，14 年后，“大眼睛”（左）、“小光头”（右）、“大鼻涕”（中）在北京首次相聚 解海龙摄

一名摄影师的坚守

李楠

山东工艺美术学院教授
硕士研究生导师

- 1961年出生于山东。
- 20世纪80年代初把对文学的喜爱融入摄影中，拍摄摄影小说，并发表在《中国青年》、《中外妇女》、《知音》等杂志上。开始拍摄《小脚女人》。其摄影作品在国内各类专业报刊及德国《莱卡世界》、《彩色摄影》，美国《时代》周刊等杂志上发表。
- 1996年获第39届世界新闻摄影比赛（荷赛）艺术类单幅金奖、中国摄影金像奖。
- 1997年获国际摄影艺术联合会（FIAP）第24届黑白双年展唯一个人金奖。曾三次获得联合国教科文组织“人类贡献奖”国际摄影比赛一等奖。
- 1998年被评为中国摄影家协会“德艺双馨”优秀摄影家。
- 2002年获中国新闻奖摄影作品复评暨年赛金奖、冰心摄影文学奖。
- 2006年被评为中国摄影家协会成立50周年突出贡献摄影工作者（1956—2006）。
- 2008年获首届山东省泰山文艺奖一等奖，入选山东省高层次人才库。
- 曾接受中央电视台《东方之子》、英国BBC、凤凰卫视等人物专访。
- 出版专著有《李楠报道摄影》、《中国摄影家——李楠》、《绝世金莲》、《中国最后一代小脚女人》、《新闻报道摄影》等。
- 其作品被北京百年印象画廊、北京See +画廊、法国巴黎David Guiraud画廊代理，被广东美术馆、美国普林斯顿大学、丽水摄影博物馆等机构和私人藏家收藏。

选自《中国最后一代小脚女人》 李楠摄

讲评：

“李楠是我认识的摄影师里读画册非常多的一个人。他非常深入地去研究国外的影像，他也有几个大的专题。不过我不是很喜欢他的一些东西。”

与陈小波聊起她曾经采访过的山东摄影师李楠时，她如是说。

说实话，他后期的作品我也不甚喜欢，例如《身份》。我觉得他原来纪实的主题拍得那么好，怎么突然变成观念的了？跟当代艺术一结合就没那么好了。

这种转变或者说尝试，是值得思考的。一个摄影师对自己原来做的事情的坚守能有多少？

根据李楠提供资料编写

小时候的李楠家里有几本相册，那里面记录着李楠出生前家人的故事。这在李楠周围小朋友家里是看不到的。这些照片大部分是135底片，那一幅幅小画面曾带给李楠无穷的遐想、美好的记忆。这些照片都是李楠父亲拍的，妈妈和两个姐姐在父亲镜头里很生动，完全没有照相馆里的样子。

这种少年时代的影像情结，不仅让李楠喜欢上了绘画和摄影，还影响了他对所有可以收集并随时能取来观赏的、可让他进入遐想的如音乐、电影、画册、书籍等物品的收藏，这些在藏家眼里没有什么价值的藏品，却让他的人生有了意义。它们影响着李楠的生活，改变着他的世界观。后来家里相机卖了，因为父亲被划成“右派”，下放到了山东的一个县电厂去劳动改造。出身不好的父亲是知识分子，当时是省级机关的一名处级干部。

李楠非常敬重父亲，父亲多才多艺、待人和善，对他影响很大。父亲在下放改造中因公受伤，身体一直不好，所以有机会回家养病，这使得李楠能够和父亲常待在一起。父亲对他要求严格，让他写字、画画，并从小养成他看书的习惯。可惜好景不长，由于“文革”中各派争斗，任何一派的一纸电报都会使得父亲立即赶回去。那时候，全家人最怕听到的就是送电报的摩托声，所以，少年时的李楠，除了拥有善良怕事的母亲和姐姐们的呵护，就只剩下与父亲每次相聚后的久久企盼。

李楠从小喜欢临摹“小人书”，画马克思、鲁迅等伟人，大家都说像，特别鼓励他。父母为了发挥李楠绘画上的天赋，每个周末都会步行很远，送他到山东艺术学院两位很有名的画家孙敬会、李明媚老师家里学习绘画。李楠也没辜负他们的期望，当上了美术小组组长，并经常在省市少儿绘画比赛中得奖，深得学校美术老师喜欢，成了学校“名人”，几乎每个周六下午都是在绘制校黑板报中度过的。但最令他苦恼的是，由于父亲的问题，李楠在班级里最后加入红小兵。

经过了一系列坎坷，要高中毕业了，按规定得上山下乡。李楠母亲费了很多周折办了病退，让他顶班，并想尽办法让他从事美术设计工作。由于工作原因，李楠刚接触相机时是用来拍摄设计图案的稿样。当时是计划经济，一年会有四次订货会的机会，全国、全省各两次，他的一个重要任务就是把订货产量高的和设计评选创优的图案拍回来，让同事们学习。年长的老师们都不愿出差，李楠便担当了此任，用相机翻拍图案。面对神奇的照片显影过程，儿时记忆中的影像又清晰地浮现了出来——他开始迷恋摄影。

当时工厂里只有一个由女厕改成的暗室，有下水没上水，钻进去洗几张照片，夏天一身汗，冬天冻个透心凉。尽管如此，李楠还是开始利用外出订货会和写生的机会拍照，去了很多名胜古迹：黄山、桂林、华山、广州、杭州、上海，觉得很兴奋。除写生外，就是用极少的胶卷拍照，每个周日也会把设计室里的那台海鸥 DF 借出来，拍片、冲卷、印放照片。

20 世纪 80 年代初，李楠开始尝试把自己对文学的喜爱融入摄影中，试着拍摄影小说，发表在当时国内仅有的几本主流媒体《中国妇女》、《中国青年》、《中外妇女》、《追求》、《法制文摘》、《知音》等杂志上。这些作品参加了全国第一届摄影小说电视大奖赛，李楠成了作品入选最多的作者，作品在中国美术馆的正厅展出。当时在电影学院就读的张艺谋、孙周也有作品展出。后来，他还担任了当时的中国大众摄影文学会副会长，参与组织了全国摄影小说理论研讨会和全国第二届摄影小说电视大奖赛及展览。当时摄影小说是被非常看好的一种大众传媒，曾风靡 80 年代。

李楠性格内向，做事喜欢思考，不喜欢张扬，但同时又希望做出来的事与众不同，骨子里有一股不服输的劲，更喜欢跟自己较劲，认准的事不太会受干扰，会慢慢来完成。最不擅长与人打交道，是一个心事很重的人，感情很细腻并且敏感、脆弱，是一个十足的完美主义者，做事总是追求尽善尽美。早年做染织图案设计工作时，可以用一个月时间来完成一幅图案的设计，每天用毛笔点成一个个图案，眼睛都点晕了，像绣花一样，有相当的耐心。

《盲孩子》的出现是让李楠对人生有触动的开始。最初去盲校看到的一幕令李楠终生难忘：盲校厕所里由于没有导盲设施，冬天一个盲童掉进大便坑，棉衣上下全是大便，老师用水龙头帮他冲洗，这个情景让李楠流下了眼泪，不忍心从包里拿出相机。从这次难忘的经历以后，李楠开始去接触他们，并试着拍摄专题照片。当时李楠没有任何拍摄纪实摄影的经验，有的只是拍摄影小说的经历，和脑子里常浮现出的那个年代所能看到的极少几部电影的画面。拍摄盲孩子这样的题材，在当时属于揭示社会阴

选自《盲孩子》 李楠摄

选自《盲孩子》 李楠摄

选自《福利院的孩子》 李楠摄

暗面，没有发表的可能，只是受感动了就想拍下来，没有明确的目的性，现在看很简单，但很真挚。受盲孩子们最喜欢唱的一首歌启发，他用了一个诗意的名字“用指尖触摸人间的温暖”，作品寄到香港，在《摄影画报》上发表了。1993 年 3 月，这组照片获得第 7 届尼康摄影比赛二等奖。当时有评论这样说：“值得欣喜的是，我们的影友已经悟出了这个道理，他们用敏锐的‘第三只眼’，去捕捉自己周围普通而又永远动人的故事。看得出，作者是带着对盲童的关心与真挚的情感完成这组摄影报道的。”

他不间断地拍了数十年，从孩子们入小学到读中学再到升中专、工作，他们都已深深融入李楠的生活之中。盲孩子们听到李楠的脚步声，就叫“李叔叔”。由于社会对他们缺乏了解，他们变成了另类。十几年前，福利院的阿姨少、条件差，躺在床上的病孩子比能在地下活动的多。很多孩子长年卧床不起，消化不好，大小便常常会拉在床上。有一张照片李楠拍摄于 1989 年，画面中是一些弱智的孩子被绑在座椅上。当时一个班只有两个阿姨，要照顾几十个孩子，特别是床上不能动的孩子（包括生下只有几天的婴儿，当时没有保温箱，好多早产患病的孩子活不下来），特别不容易，李楠也非常敬重那里的阿姨们，和她们至今保持着很好的关系。过去，福利院每周都有开放日，去参观的很多人受不了那里的气味，捂着鼻子看，看完赶快走，阿姨们看了这样的人都很生气。李楠的一个朋友去儿童部做过一个专题，后来逮人就说：“我可知道，李楠为什么能拍到好照片了，咱们有谁能在那个环境里呆那么久？”

过去近 20 年的时间里，李楠曾为他们无数次流泪，为他们病故、为他们离开故土、为他们结婚成家、更为他们的困境。李楠也为他们呼吁。有 10 年时间李楠将《福利院的孩子》这组照片冲出胶卷后，一直没敢动！他一直在拷问自己——面对生命的无力和命运的归宿，他能做到什么？多年来李楠常常失眠和被梦惊醒！

从 20 世纪 80 年代初李楠开始拍摄小脚女人。刚开始拍摄时，仅仅是对题材感到好奇。李楠小时候就对小脚有深刻的记忆，他的姥姥读过书，是一双大脚；后院董奶奶也是大家族出身，会弹钢琴，也是大脚；而街道主任王奶奶苦出身，却是一双咋也不停歇的小脚，走街串户，为邻里服务。姥姥给李楠讲了里面的秘密。但是，他开始拍摄小脚女人时，对纪实摄影和小脚女人的认识都很浅，只是摸着石头过河，照片也仅盯在小脚女人的脚上，并不知道里面还藏了如此大的文章。

拍摄的小脚女人多了，有很多学者、朋友建议他去读关于缠足的书，闻丹青还把小脚绣鞋的纹样复印给了他，他也把能找到的资料都拿来读，加深对“三寸金莲”历史的了解，理解了这个曾经盛行于世的习俗。原本极其简单的按下快门的过程，逐渐转化成对这个习俗的认识、思考和记录。他尝试着用图文去描述小脚女人缠足史，并从品足、赏足、禁足的过程开始发掘，结果这组照片发表后立刻受到好评，并获得90年代初全国新闻摄影比赛银奖，而这类题材在当时是较难获奖的。得到鼓励后，李楠的苦恼反而越来越多了，当李楠重新面对这些小脚老人时，心里所想的是如何才能把这一双双三寸金莲背后的历史意义、社会意义、文化意义展示给公众。他拍摄出的单幅集合式照片，就失去了这一代小脚女人生活中本应有的亮点及历史的厚重感。他不想把小脚女人当作取景框中简单的小脚标志，更渴望透过镜头，让人们能够看到一个真实存在的、生活方式丰富多样的、一生都留着历史印记的特殊群体，李楠的拍摄好像进了一个没有出口的迷宫。

李楠越是想把题材和内容向深处挖掘，就越是找不到突破点。这一阶段基本停留在拍摄小脚老人的各种生活、劳作、生存状态上，拍她们和大脚女人的对比。1993年，在朋友引荐的一次活动中，李楠偶然认识了百岁小脚老人赵吉英。赵吉英生于1894年，7岁缠足，17岁出嫁，生有两男一女。50多年前老伴去世，她寡居至今，现已成为60余口人、五世同堂的一家之主。赵吉英自小失去母亲，争强好胜的她硬是给自己缠出了像模像样的“三寸金莲”。经受了种种磨难的赵吉英走过了一个世纪，村子里的人都说赵吉英有福，她长寿，家庭人丁兴旺。年轻的时候，她每隔三天就跨过黄河，靠一双小脚赶十几公里路到河南岸的一个大集上买线，织布，再卖掉，换回几十斤粮食供养全家。村子里的人都很敬重她，她曾为村里很多产妇接生，有的村民一家三代都是她接生的，许多难产母子在她的手中获得新生，这项工作她一直干到80岁。在这个大家庭的女人中，赵吉英、赵吉英的女儿都缠了足，而等到赵吉英的孙女出生时，已经不再缠足了，两个孙女读了大学，重孙女还远渡重洋留学。可以说，从这个家庭女人的变化，可以看出我们国家各方面的变化。面对这个特殊家庭，李楠看到了历史演变、社会发展，他走进这个家庭，一拍就是三年。三年中，他和这个家庭建立了很深的感情。老人每一次生日李楠都会赶去，每次吃住都在他们家。老人去世12年了，李楠一直和她的家人保持着很好的关系，这些年常去给老人扫墓。

李楠从《参考消息》上得知云南通海县六一村有300多个小脚女人。云南省自古是少数民族聚居地，没有缠足习俗，但在明代时期汉族大量迁入，将缠足习俗带入云南。通海县是当时云南的交通要冲，手工业发达，商业市场繁盛，妇女在家从事纺织或家务劳动，裹脚之风盛行。六一村是目前全国小脚女人人数最多的村庄，这些小脚女人组建了“三寸金莲运动队”，跳着她们独特的“小脚迪斯科”，挥着“小脚太极剑”，

选自《中国最后一代小脚女人》 李楠摄

玩着“小脚地掷球”，她们还有了一个响亮的口号：“昔日，以三寸金莲为美，而今，以投身锻炼为乐。”这不是活化石吗？他多次去这个村庄，把小脚女人们丰富的生活收入他的镜头。这次，他找到了另一个关于挖掘小脚女人题材的拍摄方法——走进村落。在这里，李楠不停地对小脚女人进行采访，倾听她们的故事。云南的朋友瓜哥、李志雄给了很多帮助，李旭还撰写了采访文稿。

新千年开端，来自山东省滨州市滨城区堡集镇敬老院的几位老妇来到北京，她们带着时代留给她们的烙印——三寸金莲。她们一生经历了无数坎坷，而她们的足迹却仅仅限于自家门槛儿，或到村外大集。这群小脚老奶奶平生第一次出远门，到了故宫、天安门广场、王府井商业街、地铁、麦当劳……北京之行，为老人们圆了一个遥不可及的梦。小脚老人和现代生活的碰撞形成了巨大差异，李楠也从现代人的眼中，看到了对即将消失的缠足习俗的态度……这次拍摄得益于他的朋友李振平，在他的帮助下有了这个机会。

渐渐地，李楠曾拍过的许多小脚女人相继离世，于是他开始将镜头对准小脚女人的个体身世。这些小脚女人中有举人后代的儿媳、童养媳、离休干部的妻子、老党员、县人大代表、烈士的遗孀、修女、妇女主任……她们的故事和 20 世纪中国的历史紧密地联系在一起。留下小脚女人的个体文本成了他的新课题，这便有了《绝世金莲》书中最后的一部分作品。

20 多年来，李楠记录了中国最后的一代小脚女人，为的是让更多的人了解小脚女人及她们的故事，这个在中华大地上延绵了一个多世纪的习俗，影响了约 20 亿中国妇女的生活，成为人类历史上最大规模的肢体美容，而生活在我们身边的这些缠足老人成为我们最后的历史见证，并且成为人类历史文化的活化石。

李楠在影像上要求自己尽善尽美，从开始做专题他就力求每一张照片都拍好，他特别有耐力，为得到一个好的瞬间会选择等待。在出版他的第一本画册《李楠报道摄影》（中国摄影出版社 1998 年 8 月出版，是国内较早出版的纪实报道摄影画册）时，虽然是报道摄影集，他在设计上（除封面外，其余都是李楠自己设计）是按单幅作品的要求设计的，开本很大，一页一张照片，让每一张照片都能独立，如果没拍好或视觉效果弱，马上就会露怯。在拍摄时，他不会忽视生活中出现的每一个细节，这样才能让专题生动起来。生活每时每刻都在变化，认真观察并不断思考才能让精彩的影像留在底片上。另外，他不相信设计出来的场景会感染读者，因为他认为他不比读者聪明多少，只有生活打动了他，他才能拍到打动读者的好照片！李楠不认为随手拍下的影像会成为经典，没有思想支撑的影像不会形成个人风格，能在艺术史上立得住的大家都不会放弃创造性地使用形式这个载体。好的动机还必须有好的影像支撑，那种拍摄不到位、毫无章法的作品他不能接受，包括影调的控制。当然，更重要的是要有自己的影像风格，在影像中不停看到大师影子的作品不能称为个人风格。个人化影像风格的形成一定是摄影师不停对自己进行拷问的结果，是从内心深处涌现出来的一种思考、一种态度，是思想赋予它的最本质的智慧的流露，而绝不是舶来的形式。

李楠爱读书，他认为读书会让他有更多思考，能教会他用摄影的语言表述自己的世界观。

独立的人格与历史的眼光

李晓斌

自由职业摄影人

- 1955 年出生于北京。
- 1970 年在新乡、焦作当兵。
- 1974 年复员，跟着哥哥在家玩相机，做暗房，算学会了摄影。
- 1975 年拿着拍的一堆照片去历史博物馆应聘，被照相组拒绝后进入文物修复组，从事文物修复兼文物摄影。
- 1976 年参加“四五运动”，拍摄大量图片。
- 1977 年拍摄了作品《上访者》，并在之后的七八十年代拍摄了北京政治生活中的各种事件，包括上访。
- 1977—1978 年参加编辑“四五运动”大型画册《人民的悼念》。
- 1978—1980 年在中央实验话剧院任美工、摄影。
- 1980—1989 年任《新观察》杂志编辑、记者。
- 1979—1981 年北京四月影会创办人之一。
- 1985 年在日本大阪举办李晓斌个人摄影展。
- 1987 年 3—4 月英国前首相爱德华·希思访华期间，被希思邀请做专职摄影师。
- 1989—2002 年在中国作家协会创作研究室工作。
- 2004 年 1 月出版《变革在中国》一书。
- 2006 年 10 月在宋庄美术馆举办李晓斌个人摄影回顾展（1976—1989）。
- 存有改革开放近 30 年来反映中国社会变革的一系列影像。

上访者 1977 年 11 月 北京 李晓斌摄

讲评：

李晓斌是一个特别自觉的摄影师。“四五运动”中成长起来的那些摄影师，大都是因为家里有相机，其实当时他们并不一定觉得摄影是一件多大的、关乎民族命运的事。李晓斌家里也有相机，他从部队复员后就被分配在历史博物馆工作，在天安门广场边上，所以他每天晚上都去天安门广场转一圈。

李晓斌认为学生对新闻和历史都应该有一个自我判断，他强调人格的独立性，强调历史观，这些对年轻人都是非常有教育意义的。从玩摄影开始，到成为一名真正的摄影记者，去自觉地记录一个时代，这个过程中可以感受到环境对他的帮助。实际上，在那个时代他是身处在中国最牛的学术殿堂里，身处在一些大学问家、艺术家和上层政治家的朋友圈当中的，这是历史给予他的非常独特的机遇。现在的学生应该更自觉地跟周围其他学科和专业的同学交流和互动，因为只有在年轻的时候有这样的积淀，之后才有可能形成自己独立思考、独立判断的能力，从而带动自己的行动，去实施自己想要做的事情。

现在学生获取知识的渠道很多，从网络和媒体上获取的知识可能比在课堂上获取的知识还要多，很多人说过电影导演是杂家，实际上摄影师也应该是杂家，只有知识渊博、见多识广，当你面对一个事件时，才能做出正确的判断，如果没有这样的知识积累，没有这样的经验储备，当机会来临时，可能你根本就抓不住。这一点对摄影师来说，尤其明显。

李晓斌还有一点很打动我，他说到后来就不怎么拍照了，他说每个人都有属于自己的时代，那三十年是属于他们的时代，现在是属于更年轻的一代人了。这句话也反映了他的历史使命感。

李晓斌访谈

真正回归到老百姓手里的摄影

宋　靖：您作为摄影家被外界了解，最主要的事迹是在“四五运动”中的作为，以及后来创办四月影会，这些我们是通过一些文章了解到的，您自己的著述不多。那么就先讲讲您的摄影观吧。

李晓斌：现在摄影早已经不是贵族的玩意、权力的象征，或者仅仅是被当作宣传的工具来使用了，由于科学技术的进步，它已经真正回归到老百姓的手中。真正的纪实摄影还是要看谁在第一现场，谁能拍到最真实、最有价值的画面，谁的作品就最有意义。

宋　靖：这其实是个话语权的问题，摄影无论是作为宣传工具，还是批判现实的手段，都是有权力归属问题的，这也决定了行使权力的方式的选择。那么关于技术呢？

李晓斌：现在谈纪实摄影的问题，我觉得技术已经不重要了。为什么呢？现在的技术都是一次性完成，都被机器取代了，如果说放到三四十年前，放到我们的那个时代，还是要有点技术含量的。比如说胶卷你要冲洗，冲不好不行，还有黑白、彩色放大，非要有技术，比如 D72、D76 的配药啊，你还得配好了，冲洗的时候温度你要控制好。像今天的数码摄影已经没有多少技术含量了，也就是说全被机器、科技取代了。据说国内现在的摄影人口已经到两三亿了。我认为现在技术已经不重要了，重要的是你的思想，你的价值观所反映出来的你的判断，你拍的东西跟当今社会是否有直接的联系。如果说你拍的东西跟当今社会没有时代关系的话，那么从历史的角度来看就没地方搁。首先来讲，最重要的还是思想，包括个人素质的问题，相机就是一个工具，很简单的一个工具，怎么使用这个工具在于你的价值观、你的取向和你的思想感情。

宋　靖：那您怎么看待摄影比赛、评奖这些事儿呢？这里面牵扯到了关于影像的价值判断的问题。

李晓斌：我可以举出很多例子，30 年前甚至 20 多年前，那些获得全国影展金牌奖的作品，包括现在的一些所谓获奖作品，很难说具有历史价值和人民性。

多年来我个人一直强调的有三点：第一，不依附任何的意识形态；第二，不迎合西方；第三，不以艺术为目的。摄影对于大众是一种娱乐，你可以把它当作艺术，但是摄影到底有多大的艺术价值和艺术成分？我不否认把摄影当作艺术、当作娱乐、当作一种消费，但从艺术这个角度来说，它可以跟油画、国画，甚至书法相比吗？

宋　靖：您这是在讲摄影不是艺术或者天生缺少一种艺术特质吗？

李晓斌：我不想说摄影不是艺术，因为这样会伤害大众，摄影艺术就是大众自我欣赏、自我消费、自我娱乐的一个东西。它到底有多大的艺术价值自己心里明白就行了，没有必要跟那些不同意见去争论。追求自己心目当中的理想，追求自己的价值，完成这些东西是最重要的。

为什么我说要有独立人格呢？要是大家都是一致的，从众的话，最终的结果是被“淹死”，这个“淹死”指太多的人搞一样的东西，你没有个性就不会存在，包括现在的流行音乐都是如此，更何况搞摄影的人口都上亿了，如果不能突出重围，只能是被“淹死”。你的作品是来源于你的价值观、你对社会和生活的理解判断，你的个人价值的取向只有直接和社会、历史、文化发生关系，才会被时间定格，并存在下来，只有存在下来的才是合理的，才会产生价值。很多东西已经被时间淘汰了，已经存在不下来了。

宋　靖：您的工作和生活半径正好处在一个特别敏感的地方，每天看到的事都具有典型性。

李晓斌：我住在这有 50 年了，有点麻木了。年轻有热血和激情的时候拍了很多上访者的照片，有数千张，并不只是那一张。但这张照片在中国网络、电视、展览、传播中被广泛使用，并被国家博物馆作为文物收藏了，同时中央台又做了无数次节目。2008 年纪念改革开放 30 周年搞的那一次大规模的宣传，很多国家领导人都认可了这张照片。上访者这个专题我拍了很多年，整理出来的照片也有数百张，而实际上只在山东的一个老照片展上做过的一个专题里用了十几二十张。

李铁华讲演声讨“四人帮” 1976 年 4 月 4 日上午 天安门广场 李晓斌摄

悼念周总理的孩子 1976 年 4 月 3 日上午 天安门广场
李晓斌摄

“历史的审判” 1977 年 1 月 8 日 东长安街今东方广场处 李晓斌摄

宋　靖： 您当时拍的那个上访者还健在吗？

李晓斌： 不知道，拍完以后就没有联系了，当时是拍完就跑的。

宋　靖： 您能大概谈谈那些年其他的拍摄活动都涉及哪些内容吗？

李晓斌： 我除了拍上访者群体外，还拍了人民大学 1978 年开始招生。当时人大的校舍在“文革”的时候被二炮部队占了。复课后，学生们没有食堂、教室和宿舍，没法开学。后来人大的师生举行了示威游行，到中南海递交了请愿书，在民主墙上贴出了大字报。这些过程我都完整记录下来了。后来邓小平亲自批示二炮部队退出，事情才得以解决。后来我这组照片就捐给人民大学的校史馆了，限于校内使用。类似这样的照片我还有很多，比如民主墙，我也拍了很多。其实最早民主墙的形成不是在西单，最早是在“四五运动”的时候，以人们在广场贴悼念周总理的大小字报为开始。后来真正的民主墙是“四人帮”粉碎以后，修毛主席纪念堂，天安门广场一圈全用木栅栏给封起来了，在那个时候木栅栏上贴的全是各种大小字报，要求给“四五运动”平反，要求给邓小平恢复工作，那些我拍了很多。

宋　靖： 您谈的这段历史算是我们政治生活中很微观的一个片段，很容易被忽视，也很容易被遗忘，想要发现并记住，需要一种态度。

李晓斌： 所以我觉得对学生来说，了解历史很重要，这样你对今天才能有一个判断。你的作品是跟社会的现实、时间性相联系的，把你放在那个历史段里是要经得起考验的，这样你的作品才有可能被流传下来，你的纪实才有意义。而且独立人格是需要修养的，更多的是对社会、对生活、对自己的一种认识。具体的拍照很简单，那些技术的成分都不多了，最重要的是强调独立人格和批判精神，这是你的作品存在下来的必要条件，否则就没有存在下来的可能，不能存在的东西是没有意义的，完全等于是白干了。像我们这一代人，拍的很多东西在当年很火，但是现在也没人知道了，别人不感兴趣就不会再为你传播，历史不会记住你，翻过那一页的时候不需要你。这就是时间和历史的一种严酷性，我们怎么面对这种严酷？我们现在就得对今天和历史有个判断，用相机、用摄影的语言，把今天的现实生活用影像表达出来，成为一个历史的记录，这样的话你做的事情才会有意义。

在大师与伟大的作品中间成长

宋　靖：谈谈您与摄影有关的人生经历吧，您是怎么开始玩摄影的呢？那个年代的人好像都是这么讲的，“玩”。

李晓斌：我在去历史博物馆之前，大概是 1974 年，那时我哥在玩摄影。我哥“文革”的时候是红卫兵，我爸怕他出去惹事，就把他关在家里不让出去，一开始让他做收音机，我哥特聪明，没两个月就做好了，没什么新的可做了，家里有台相机，就让我哥拍照片玩摄影。我跟我哥从小住一屋，我学会照相可以说是他教的，也可以说是我自己看会的。在暗房里弄个小红灯冲照片，相机是苏联费特，放大机是自己用罐头盒做的，就用相机镜头做放大机镜头。后来我复员回来，我哥还在当兵，家里的东西我就拿来玩。我在考历史博物馆的时候也是因为我会照相，有特长，所以历史博物馆要了我。

宋　靖：听说您在历史博物馆是搞文物修复的？

李晓斌：当年我就是拿着一堆照片去考历史博物馆的。我是复员军人，刚开始是准备去照相室，他们正好缺一个人。但当时照相室的负责人赵丽看到我的照片之后就说：“这孩子咱们可不能要，这孩子太野，咱们管不了。”她就不要我。

宋　靖：其实您的照片很能反映您的个性，尤其是独立的特质。在那个年代，那位大姐倒是没看错人。

李晓斌：正好文物修复组一个组长叫王玉兰，她一看照片就说这个人会照相，她要。为什么要呢？因为文物修复组在文物修复的过程中都需要照相，那些文物的碎片修复前什么样，修复过程什么样，修复后什么样，这个过程都是文物资料，都需要照相。这种照一堆东西的工作，照相室的人不愿意干，请不动他们，所以文物修复组的组长就说：“我们找这个人又可以文物修复，又可以照相，我们就不用请照相室的人了。”也就是因为这个原因我进入了历史博物馆，一进去就做文物修复，也拍一些文物修复的照片。

宋　靖：您对社会有意识地观察和记录是从什么时候开始的？

李晓斌：是从“四五运动”开始。我在历史博物馆那个环境太重要了，历史博物馆是一个学术单位，有很多人民文学的大家，文化氛围浓厚，博物馆工作人员的文化修养和眼界与常人都不一样。我进入历史博物馆后上的第一堂课就是史书清讲的，他后来成为文化大家，是国家历史文物鉴定委员会主任。那个时候他还是副教授，我们进去的时候他就在大厅里面，面对着文物跟我们讲历史，就讲文物是怎么生成的，一二三级文物是怎么回事，实际上这是接受一种严格的历史主义教育的过程。

宋　靖：本质上说，影像从被记录的那一刻起就成了一种文物，就好比考古发掘文化层中的灰烬与瓦砾，满足与“人类活动有关”和“成为历史的过去”这两个基本特征。

李晓斌：对，什么东西可以成为文物，什么东西以后更有价值，你通过了解历史文物的产生，以后就会有常识性的判断，这种判断要不是做文物工作，普通人是很难感受到的，而这个道理对我摄影观的形成又极为关键。所以说那个时候我就已经认识到有些东西是很有价值的，实际上是潜意识的东西，另外和受历史主义的教育是分不开的。再一个就是环境，我刚去的时候，晚年的沈从文还在历史博物馆劳动改造，整天拿个扫把扫走廊和院子。那个时候你要是想和这些老先生、大家学点什么，他们都高兴极了，他们会偷偷地教你，告诉你，热情至极。

宋　靖：这绝对是奇遇，好比金庸武侠小说中的大英雄的成就都离不开一番奇遇！

李晓斌：那时候的公共图书馆对我们内部人士开放，而且图书馆里任何书都有，很多书都非常珍贵，没有受到“文革”的损坏，我在那里就看到过很多包括唐宋元明清的名画大观、民国时期的古玩指南等珍贵书籍。那个时候学习很方便，包括接触的人其实都算得上中国的精英，虽然他们看上去都特别不起眼，但大家彼此之间都是称兄道弟，到现在见了面也还是如此。

宋　靖：那时候那种环境，你们很自然地会对国家政治、意识形态与社会很关注，对吧？

李晓斌：还是因为我的工作跟历史、跟文化形态有关，我的摄影的截取面很自然地就跟这些有关，还跟人民生活、跟现实有关。而且有了一个很准确的定位以后，你就知道该做什么了。比如说我的作品多少年不能展出，受到质疑，受到批判，可我还是坚持下来了，我认为我是对的，这些东西可以留给历史作证。事实还真是这样的，比如 2008 年改革开放 30 年，当时社会所有的媒体，用了我的照片 1000 多张次，其中七八十年代改革开放初期的照片用量极大。2008 年在中央电视台、凤凰卫视、北京电视台做电视节目就做了 20 多个。改革开放初期，中国社会变革前夜，反映人民生活细节的那些照片，被社会媒体大量使用，像汉华易美（CFP）那一年疯狂卖我的照片，仅此我差不多一个

红旗车与市场经济 1980 年 12 月 北京故宫 李晓斌摄

月有 3000 多块钱的稿费。要知道他们当时卖得便宜，才 300 元一张，而且是他们拿走一半儿稿费。那一年其他的媒体用得就更多了。这些照片跟我们的生活、跟我们的记忆、跟历史、跟人民有关，所以它们存在下来了。我也拍过风花雪月，即使你拍得再好，没有时间、地点，没有事件，没有最本质的东西，那么它的价值就不大。那些当年所谓的艺术摄影，没有一个时间的、历史的事件或者说法。

社会学价值 + 市场价值

宋　靖：您的意思是说艺术摄影的价值完全经不住时间的考验吗？

李晓斌：我的意思主要是指，那类摄影基本上后人会做得更好，前人做的那些因为难以再进入传播，也就没什么大意义了，我自己也拍过那种照片。

这些年我奉行一个道理，就是做人低调一点儿，别把自己当事儿，回归自我。三十而立，四十不惑，五十知天命，我都快六十了，为什么还要把自己当事儿，当个人似的？我早就不称自己是什么摄影家了，近 20 年我都称自己是自由摄影人，就是一个见证人，我觉得就够了。

宋　靖：最近这几年您还拍过什么？

李晓斌：最近我拍得很少，很多年以前阿城就问过我这个问题，他问我现在还拍不拍。我说拍，但是拍得很少了。每一个时代都有每一个时代的特征，每一个时代的特征应该由每一个时代的人来完成，这就是你的历史使命。我觉得我完成了我的 70 年代、80 年代，甚至 90 年代的使命，我觉得时间已经够长的了。我现在无法跟年轻人竞争，我也竞争不过他们，第一我不会开车，对开车也不感兴趣；第二我不会电脑，因为不会打字，我只能看看网上的新闻，好多活动我也没有兴趣参加，特别是谈摄影的事儿，摄影界的活动我是拒绝参加的。图片是一个视觉产品，形式和内容上的东西我经过将近 40 年的实践早已经解决了。而且最重要的是，我一直强调自己简单一点儿，低调一点儿，我觉得我们这代人已经到了这个年龄，我们竞争不过年轻人。你说现在拍个新闻什么的，从体力、敏感度方面可能都不如他们，因为今天不是我们的时代了，是他们的时代，所有的艺术家都是如此。

1980 年 11 月，中国女排第一次赢得世界杯，天安门广场上人民群众欢庆胜利 李晓斌摄

宋　靖：您想得太开了。

李晓斌：你看曹禺、巴金都是年轻的时候做出成就的，五六十岁以后基本上没有什么特别突出的新作品了。我尊重历史，也尊重现实。我还信奉一点：你的作品有没有意义，有没有价值，要依靠作品说话。你的作品能不能在历史上站得住，要经过两个检验，一个是存在的检验，就是说进入传播、进入历史后还有没有价值，也就是社会学的价值；还有一个最俗的说法就是市场价值。如果说这两个方面都没有问题，为什么还要在社会上去张扬，在社会上掺和那么多？

我觉得我们的生命过程和生命意义体现在我们在世的时候，我们的作品能不能够留得下来，如果作品的寿命超过我们的生命，那么我们的一生就有存在的意义。其实我是一个理想主义者，我更强调一种生存的意义。所以我更想说，对于年轻人，独立思考、独立人格、独立判断和批判精神，是你们的未来成长目标，你们要真想做好纪实摄影，在未来的历史上留有痕迹的话，技术其实不重要，重要的是思想，是你的人格，还有对国家、对社会的一种承担和责任。年轻人是希望，是未来，你们要做好你们思想、修养方面的积累，还有作品的积累，这些积累都多了以后，在一个适当的时机就会爆发。不能有点儿东西就卖一点儿，何况还有很多东西是假的、虚的，不要把那些假的、虚的、蒙人的事当真。

市场价值和社会学的历史价值是两回事，市场价值可以是人为的，比如说国家级博物馆一级文物的标准全世界国家通用。而我们一定要有一种社会学的价值，这不等同于商品价值，因为历史和社会学的价值是不断被社会和历史展示的，就是说它露面的机会越多，还会有一种潜在的价值和升值的意义。

宋　靖：关于好照片的标准，每个人有每个人的看法，应该说见仁见智。市场价值是一方面，我们不能否认，社会学的历史价值又是一方面，这也是我看中的，也是我这套书选择摄影家的一个标准。他们的作品和他们的成长经历、摄影思考，是相互关联的，有其历史价值，这些都不是因为炒作或者其他偶然因素就会大起大落的东西。除此之外，您认为还有哪些标准，或者说价值？

李晓斌：还有所谓时尚，真正的时尚是自我的感觉、自我的意识，完全是和别人不同的，这应该说是一种真正的时尚。而社会流行的时尚，流传到你这儿来，可能都不是时尚了，所以说我们不要从众，不随大流，要有自己的判断。而且不是一年两年，而是坚持几十年，这样你就会越来越明白，而且你会有很多参照物，历史的、文化的、社会学的，包括现实生活方面的，你就会有很多和你的同代人不一样的收获，这样的话你的一生才会有意义。当然也要看你追求什么了！

我的摄影经历令我感到自信

李英杰

北京摄影家协会副主席
北京文联理事
中国摄影家协会教育委员会委员
北京摄影函授学院副院长

- 1947 年出生于北京。
- 1976 年参加“四五运动”摄影活动，几十幅作品入选大型画册《人民的悼念》，其中《哀恸》获全国文联三等奖。
- 1979 年参与创办四月影会，1979 年到 1981 年，四月影会连续办了三届“自然·社会·人”影展。
- 1989 年毕业于中国人民大学一分校摄影系。
- 1980 年加入北京摄影家协会和中国摄影家协会。
- 1981 年任《无线电》杂志摄影记者、美术副编审。
- 1985 年参加创办世界华人摄影学会，任执行工作委员。
- 1986 年参加创办中国当代摄影学会，任副主席、执行主席。
- 1986 年参与主办“十年一瞬间”大型摄影展。
- 2006 年任第八届全国文代会代表。
- 2010 年任北京国际摄影季专家评审委员会主任。
- 曾任《中国摄影》、《人像摄影》编委，并担任“全国青年摄影十佳”、“全国人像摄影十佳”，以及第 16 届、第 17 届全国摄影艺术展览的总评委。2006 年获中国摄影家协会授予的中国摄影 50 年“突出贡献摄影工作者”称号。
- 曾以中国摄影家的名义先后到菲律宾、泰国、新加坡、日本、美国、德国以及中国港澳地区进行摄影艺术交流与创作，作品多次在国际性影展上展出。曾参加“中国一日”、“北京一日”、“上海一日”、“今日新加坡”、“中国摄影家眼中的泰国”、“美国印象”、“缤纷的澳门”等大型摄影活动。

稻子和稗子 1979 年 李英杰摄

讲评：

李英杰是一位比较特别的摄影家，一方面，他经历了北京也是全国的摄影文化发展历程中重要的事件与转变，也参与了，学习了，思考了，创作了；另一方面，他抓住了这些经历带给他的发展机遇，就是对摄影教育与摄影史的梳理。打算从事摄影工作的年轻人，要懂得把眼界打开，不要早早地就局限在某个狭窄的圈子里。尤其现在社会多元化发展，文化事业也百花齐放，更应该拓宽未来的路。

李英杰的代表作《稻子与稗子》看似很简单，却也是常年观察积累的结果。从植物联想到人生，不仅升华了作品主题，也给了人们一定的思考想象空间。这告诉我们，当我们看到一草一木、一景一人的时候，是否能提升到一定的高度很考验一个人的思考能力。

李英杰后来一直在做摄影教育工作，是中国摄影函授学院的副院长、客座教授，培养了大批的年轻人，同时也经常不辞辛苦地带领同学们去创作。

一个人生在什么地方，时事就会决定他将会变成什么样。每个人在选择自己的发展道路时，也需要认真地思考。当身处一个舞台，有的人就能拍出对得起这个舞台的照片，有的人却拍不出来，舞台也会决定人生。

李英杰访谈

如何正视我们自己的摄影史

宋　靖：现在学摄影的学生，大多都知道很多国外摄影师，但对我们国内的摄影师却知之甚少，这是我们摄影教育中的一个问题，在谈论摄影史时多在讲世界摄影史，对像您这样的中国摄影师的历史却很少有了解。因此我希望用这样一套教材，至少从纪实摄影这方面开始把这个问题纠正过来。

李英杰：这些观点我非常赞同，一个是纪实摄影在中国应该得到更多的倡导，另外就是纪实摄影的内容界定，这个问题我也在考虑。众所周知，郎静山是我国摄影史上一位非常重要的摄影家，他的集锦摄影实际上是将摄影与中国的传统文化相结合了，20 世纪二三十年代他是中国摄影的一张名片。这是他的成功之处，他这方面的功绩是不可磨灭的。但另一方面我觉得他走的不是一条纪实的路，他当时对纪实摄影有一点偏见，而且影响了很多人，以至现在中国摄影史中的早期纪实作品很多都是引用外国摄影师的作品，我认为中国摄影史不能这么写，中国摄影史应该如实记录摄影术进入中国后，中国本土摄影家如何创作，摄影如何和中国文化相融合，等等。其实中国有很多留传下来的清末民初的老照片可能并没有什么名气，但一看就能感觉出是由中国摄影师拍出来的，是属于我们自己的，虽显幼稚，但很珍贵。

宋　靖：很多研究者认为，新中国的纪实摄影始于“四五运动”，这个事件在中国摄影史乃至文化史上必须要留下一笔，而您作为全程的参与者与倡导者，可以多给我们讲讲四月影会和当年各种事情的发端原因，以及您对纪实摄影的看法。

李英杰：纪实怎么拍？我认为有关纪实摄影的三个概念首先要搞清楚：第一，摄影术发明时就有一个特性叫“纪实性”，它相对于绘画有着更好的清晰度和真实记录性，这就是它的最初纪实性特点。但一段时间过后，从业者又发现摄影缺少艺术上的个性，不被艺术界认可，认为摄影只是单纯机械地模仿了镜头前的事物。为了求得摄影在艺术上的地位，早期不少摄影家不得不去模仿绘画，以求得艺术界的承认，但这只是初级阶段。随着摄影器材和感光材料的发展，摄影家可以用轻便的器材走入社会中抓拍了，于是发现纪实性才是摄影的最可贵特性，这是绘画所不能比拟的，摄影的记录功能在之后的新闻媒体中也得到认可，创造了一种不摆布、不干涉对象、不加工，真实反映事物的拍摄方法，这就是纪实的拍摄方法，有别于艺术创意方法。

本来纪实只是一种拍摄方法，这就是我说的纪实摄影的第二个概念，即不管拍风景也好，拍人像也好，都可以用纪实的方法去拍，如美国的《国家地理》杂志，严格要求摄影师必须遵循纪实的手法去拍摄，拍纪实要求真，如同司马迁著《史记》。当然也可以采用艺术创意的方式去追求唯美的效果，做一位李白式的抒情艺术家。

现在纪实摄影的概念又发展到第三种，即专指社会纪实类摄影作品，内容偏重于人文，把表现人性作为重要目的。

其实，中国是在“文革”以后，从 1976 年经历“四五运动”，到 1979 年四月影会第一个纯民间摄影团体出现，之后又进入 20 世纪 80 年代的文艺繁荣探索期之后，才逐渐对纪实摄影的概念搞得比较清楚了，但直到目前，仍有很多问题在研究和争论中。改革开放初期，纪实摄影的拍摄题材也出现了一些偏差，就是太偏重于社会边缘群体，大家都去找小煤窑、拾荒人、特殊病人群体，因为当时中国社会思想长期受到禁锢，所以都认为从题材上突破最容易给人以震撼。其实这只是事物发展的一个初级阶段，但这个阶段我个人认为不是纪实摄影的全部，纪实摄影的全部应该就是反映生活。生活是多方面的，包括自然、社会和人，以及三者之间的关系。中国禅宗里就讲过，什么是禅？禅就是吃喝拉撒，就是生活，生活中处处体现禅机。所以近些年我也在探讨这些问题，并力争走入众多“寻常百姓家”，通过“平常心”观察“平常事”，并不是试图仅用奇巧题材去博得观众的一些喝彩，我认为这样才是比较全面的。

现在摄影界搞理论的大都比较赞同对当代中国摄影史的分期，一般把 1976 年“四五运动”中的“四五摄影”作为上一个时期“文革”时代的结束，而不是把它作为一个新时期的开端。那作为改革开放新时期开端的是什么呢？是 1979 年四月影会成立。我也很关心理论，但我觉得现在中国的理论界发生了一些变化，这种变化受到了一些现在“大气候”的影响，理论界也开始变得“实用”起来。现在受到画廊的制约、拍卖的制约、个人利益的制约、土豪的制约，很多理论家丧失了真正理论家的气质和人格，完全向金钱看齐，走向就是所谓的艺术市场化。具有代表性的一个观点就是：现在摄影界没有艺术家，没有好的艺术家；好的艺术家如何产生呢？就是由理论家说了算。所以我感觉摄影界现在有很多东西需要我们大声疾呼和梳理，否则这样混乱的发展是很危险的。

我认为要研究中国摄影史，当代的东西都搞不清楚，过去的东西怎么能搞清楚？所以我认为我们还是应该踏踏实实地从现在开始，抢救性地整理现在的东西。中国至今还没有一个像样的摄影博物馆，建博物馆目前也许还很难，但将来一定不是问题。问题是一旦建好后你有东西往里放吗？有精彩的内容吗？你放入的内容是真实的吗？

之前我和朋友们也有交流，讨论为什么要把“四五运动”摄影活动放在上一个时期的末尾，那是因为它意味着上一个阶段的最终结束，“文革”的结束是以人民的呼声为终结，以人民的评价为终结的。新的时期以四月影会为开端，它是“文革”后第一个有影响的民间组织。20 世纪 70 年代末我曾在现 798 艺术区一带搞了个“北京电子摄影协会”，活动比四月影会还早，但四月影会是第一个真正有很大影响的纯民间组织。现在很多人都错误地认为，“四五运动”摄影就是四月影会，实际上这种说法不是很准确，应该说“四五运动”摄影的这些人和四月影会的这些人有承传关系，但还是两个不同的团体。

从“四五运动”到四月影会

宋　靖：关于“四五运动”和四月影会，这些历史情况很多学生并不了解，您再说说具体的情况吧。

李英杰：拍摄“四五运动”照片的人实际上都是业余摄影人士，器材、技术都不是很好，那时也根本谈不上有什么纪实之类的概念。纪实之类的概念是改革开放以后，80 年代中后期才形成的。但那个时候，一些摄影爱好者是以激情为动力拍摄出这些作品的，这是我的感觉。我是学电子的，当时在 878 厂工作，那个厂是生产半导体芯片的，就是像现在相机里面的 CCD、CMOS。我在这样得天独厚的条件下工作了十几年，单位工会给我配了台上海 DF 相机，让我用照片报道我们东郊军工厂工人的工作和生活，我就是靠着它去天安门广场拍摄的。当时应该说技术不像现在这么熟练，但是凭着激情，凭着群众对我们的配合，我从工人买彩纸做花圈开始拍，和他们一起献花圈走在通往天安门广场的大路上，一起游行，一直到宣誓，这样拍大家就没有顾忌了，所以拍得非常真实，那种泪流满面的表情，都是这种激情促使的。那时候我到天安门广场也看见了一些拍摄者，都是凭着一种热情，凭着对中国历史的关心、对中国未来的关心，都是在一种历史责任心的驱使下，自觉地举起相机去记录。历史的责任感和激情成就了这些人，使大家拍出了一批非常真实而有分量的作品。

另一方面，由于当时这一事件被宣布为“反革命事件”，大家就都开始隐藏底片。我当时洗了好多小幅照片，准备送给照片上出现的朋友，但后来情况一变，我都没有送，不敢送。等到事件平反以后，有人就认为这是发生在中国的一个大事件，应该有影像作为真实记录，所以吴鹏、李晓斌、罗晓韵、高强等一些人联系“童怀周”（即一起怀念周总理的一批人，表示在周总理面前，他们都是儿童——编者注）等有关组织，成立了一个编辑部，开始着手编辑画册——《人民的悼念》，就在高强的工作单位搞的。当年高强做了很大的贡献，在当时阻力很大的情况下把他的暗房提供出来。这之后他们发现，光他们几个人的作品还不够，于是就四处去征集一些作品。当他们看到我的贴册，他们就说：“哎哟，你是个大户！”因为那时搜集图片资料有很多渠道来源，其中有一个就是到公安那里找，公安当年查抄时没收了很多底片，但实在挑不出很多，因为大多都损坏了。就这样编出了这本册子——《人民的悼念》。我当时已和中国摄影家协会有联系，那时还不叫中国摄影家协会，叫展览办公室，由陈昌谦负责，北京也有一个北京摄影展览办公室，由董琪负责。我和他们都比较熟，因为我是北京电子摄影协会负责人，经常给他们提供摄影作品和文章。我就问他们为什么不搞一个有关“四五运动”的作品展览呢？他们说和这些“小将”没有联系，我就和他们说我可以试着和他们联系联系，当时还不敢和他们说我就是这些年轻人中的一员。就这样，后来和中国摄协筹备组取得了联系，决定办一个展览，就是 1978 年底至 1979 年初举办的“总理为人民 人民爱总理”大型摄影专题展，展出后中国文联还评了奖，我的《哀恸》也获了奖。一等奖是吴鹏、罗晓韵、王立平和鲍乃镛的作品。

这个展览在摄影界反响比较大，广大群众当然都很高兴，但新华社因为没有这方面材料，他们当时也没和我们商量，就把我们所有作品的底片都拷走了，我们当时也没有任何意见，因为我们觉得国家没有这些资料，留点资料挺好的，我还记得是一张照片付了 3 块钱稿费。但我们也听到一种说法：某些人对于我们拍的照片评价并不高，因为那时整个摄影界对艺术和新闻分类还不是很清楚，他们就认为这些照片没有什么艺术性，比专业拍的差远了，就是幸运地赶上他们没出马。当时我们都还是小年轻，都还插队的插队，工厂的工厂，没有一个搞专业的，所以听到这种评价后，一方面觉

哀恸 1976 年 李英杰摄

得确实是这么一回事，因为我们的相机也都特别差，像我用的海鸥 DF 就算不错了，大多数人拿的都是海鸥双镜头、傻瓜机之类的，有的对焦都很费劲，胶片用的大多是国产处理品；但另一方面也都感觉不太顺气儿，我们那时都是摄影爱好者，对“文革”期间的摄影状况非常不满，到了“四五运动”拍片子的时候，完全摆脱了原来的教条，将其彻底打碎了。所以有些人看我们的片子感觉艺术性不强，没有艺术性，当时我们听完也是心里不服气。

后来大家就说了，如果有可能的话，咱们是不是再搞个艺术展，探讨一下摄影艺术应该是什么样。你不是说那些照片是纯记录，没有艺术性吗，那我们也搞点儿艺术摄影，看看艺术摄影是什么样的，中国的艺术照片能不能也让大家振奋一下。所以当时王立平就说，如果咱们搞这个展览，就不能平庸、没有声响，要搞就要像一块儿石头投到一个沉静的湖里头，要有声响、有波动。那时候政治气氛还是很紧张的，“四五运动”虽然平了反，但是争议一直很大，所以当时就想别搞得太让一些人注意，我们不搞什么特殊组织，不搞社团，我们就是成立一个每年办这么一个展览的松散组织，平常不活动。最后大家商量半天，决定就叫“四月影会”。因为“四五运动”是四月发生的，我们有继承关系，我们再搞展览还是选择在四月，天气已经变暖了，但还是让人感觉有点儿凉意，在这个充满希望的季节，办展很有意义。宗旨就是每年就搞这么一次展览，平常没有活动，那个时候有活动就很容易招麻烦，大家一拍即合。

在这种情况下我们就要考虑扩大征稿范围，因为光靠这些人面太窄，那会儿我们就发现了一些搞艺术摄影的人，虽然我们当时还不清楚什么是艺术，什么是纪实，但是知道我们在艺术层面欠缺一点儿，我们再搞的时候就不能再做成这种风格的，应该接纳更多不同风格的摄影爱好者。所以，就广开门路，采取串联式的方法去联络。我去曙光电机厂找任国恩，他拍得很不错，尤其是黑白作品。另一拨人找吕小中，他那里有一个星期五沙龙，一个摄影小圈圈，这个圈子里的人的父母都是北影拍电影或演电影的，照片拍得很有艺术味道，狄原沧常去辅导他们创作。大家都把照片拿到东四三条王志平家，不论是谁的作品都要经过评选。金伯宏、李晓斌在当时起了很大作用。我们那会儿挑片子的时候就说，看着四平八稳太一般的片子我们不能要，一定要有一些新意的片子，哪怕有争议也没有关系。后来大家讨论半天展览名字，最后决定就叫“自然・社会・人”，这样涵盖的面比较宽，因为牵扯到这个展览要多突出点儿艺术性，所以最终就叫“自然・社会・人”艺术摄影展，就跟“四五”纯纪实不一样了。成员也扩大了，有好多并不是我们“四五运动”的这帮人，但是也纳入进来了，团结了更多的摄影爱好者。

宋　靖： *在这次展览上您展的是哪些作品？*

李英杰： 第一届入选 6 幅，第二届入选 10 幅，第三届入选 2 幅。这里面牵扯到一个观念改变问题，现在你再问我第一次展出的那 6 张是什么，我可以查资料找到，但是我对那些小景、小兴趣作品的印象都不深了。我为什么现在拍纪实反映生活了，确实是有一个转变过程。我现在讲课时和学生们也常说，你们玩玩形式可以，学摄影都会经历这么一个过程。我 20 世纪 80 年代初玩形式非常早，因为我早年爱好美术，那时候没有一点西方现代主义概念，是一个画家的儿子偷偷地拿本欧洲画册给我看，我才知道什么是印象派，什么是抽象派，有那种感觉了，就想运用到摄影中去，就这么一个过程。但后来转了一大圈，才体会到只有拍摄反映社会、反映人、反映变革的题材才更有社会价值。第一届展览的画册中收录了我的一张照片《抱佛脚》，这张照片标志着我早期的一种风格，是在洛阳龙门拍的，当时来到这个景点以后，发现大家都要排队拍一张抱着佛脚的照片，为什么？因为抱了佛脚以后据说能升官发财。我觉得挺有意思的，能反映中国人的心理，就照了这么一张，还配了一首诗：

“趴在矮佛的身上，伸开双臂使劲地拥抱，一双光溜粗大的佛脚，据说如此之后将有福至，不亚于拍马之功劳，却不要以为这是人间的哲理，你看，神仙脚下也踩着慈善的弱小。”

实际上这也是对社会的联想，跟漫画似的。我们的作品要展出的时候就想配点儿小诗，提高一下趣味。我的诗都是自己写的，他们一看还不错就保留了，还有很多写得不太好，或者没有诗，就想找人配。当时顾城知道了以后就自我推荐，因为他一看我们的照片觉得很不一般，这些照片可能现在看着很无所谓，但是在当时还是很震撼的，一下就把摄影从政治说教工具的位置上给拉下来了，拉到真实生活中了。人们发现，原来摄影可以贴近于平常的生活，小孩玩也可以拍，搞对象也可以拍，小猫小狗也可以拍。那会儿，顾城的朦胧诗是和我们这帮人一块儿发展起来的。我们这几个骨干也挺牛，说：“配诗可以，可是我们不知道您的水平，您先把诗拿给我们看一看。”看了他写的诗后我们认为小情调、小资味太浓，竟谢绝了。

我最近发现，其实摄影有一个很重要的本体特征往往被我们忽略了，即拍摄时的“时空”观是被客观锁定了的。时，即时间，拍摄时只能在当下瞬间完成；空，即空间，比如你现在拍我，只能在我家拍，尽管我家的环境一看乱糟糟的，但因为你现在在我家，

抱佛脚 1976 年 李英杰摄

空间是固定的，你想把我挪到天安门去，可以用 ps 做，但那是假的。这是摄影的一个特点，时空是被无情固定的，就因为时空固定了，所以它才有一定的史料价值和历史价值。我觉得这些是属于摄影本体的特征，你要是把这些丢掉了，片面地模仿绘画就不行。我们在 20 世纪 80 年代初期也走过这样的弯路，大家都去模仿中国画，拍沙龙式的唯美作品，结果后来发现不行。我以前在四月影会展的那几张玩形式的照片我都不爱看了，我自己都觉得丑，因为完全是小情调，它是流传不下去的。所以相机就像一支笔，是一种工具，用它你可以写诗，可以画画，也可以涂鸦，你可以当李白去抒情，搞唯美，也可以像司马迁一样记录中国历史，这不能说谁伟大谁不伟大，但作为摄影来说，它的贡献就是真实地记录现实，就像禅宗的《金刚经》所说的："过去心不可得，现在心不可得，未来心不可得。"哪个心可得呢？禅宗认为当我们打坐的时候，思索的时候，要"只顾当下"。想想当下一瞬间我在干什么，把当下的每一个瞬间把握住了，你的言行就控制住了。我觉得这句话特别适合摄影，你拿相机拍的时候拍不了过去，也拍不了未来，只能拍当下一瞬间的时空现状，所以我觉得纪实摄影永远也不会过时。

四月影会就是这么一个情况，从 1979 年到 1981 年，连续办了三届"自然·社会·人"影展，之后全国文艺界就已经百花齐放了。现在有不少人认为 20 世纪 80 年代是中国的文艺复兴时代，办了三届影展以后全国的各种影展已经很多了，我们也就觉得没有必要再去引导什么新潮流了，就自动停止了一切活动。

随时代变革而动地学习与创作

宋　靖： *四月影会之后还有哪些有影响的展览和活动？*

李英杰： 四月影会活动终止以后，和四月影会一脉相承的是 1985 年成立的"中国现代摄影沙龙"，在这个阶段又搞了几个很有影响的展览，沙龙成立当年又跑到中山公园办了"中国现代摄影 85 展"，这又和四月影会不一样了，有点现代的东西。展出后出了本画册，其中有我拍的照片。那时刚有计算机，我就做了一个自己的头像，对我自己做了个"剖析"。

等到 1986 年，在讨论办展方向时我们就发现这种东西要到此而止，"现代摄影沙龙"容易产生误导，沙龙的风格不是摄影的最高境界，你的东西如果脱离了中国，脱离了社会变革，以后还是会被淹没。1988 年"中国现代摄影沙龙"正式更名为"中国当代摄影学会"。那时中国改革开放经历了十年，我们就决定搞一个"十年一瞬间"大型

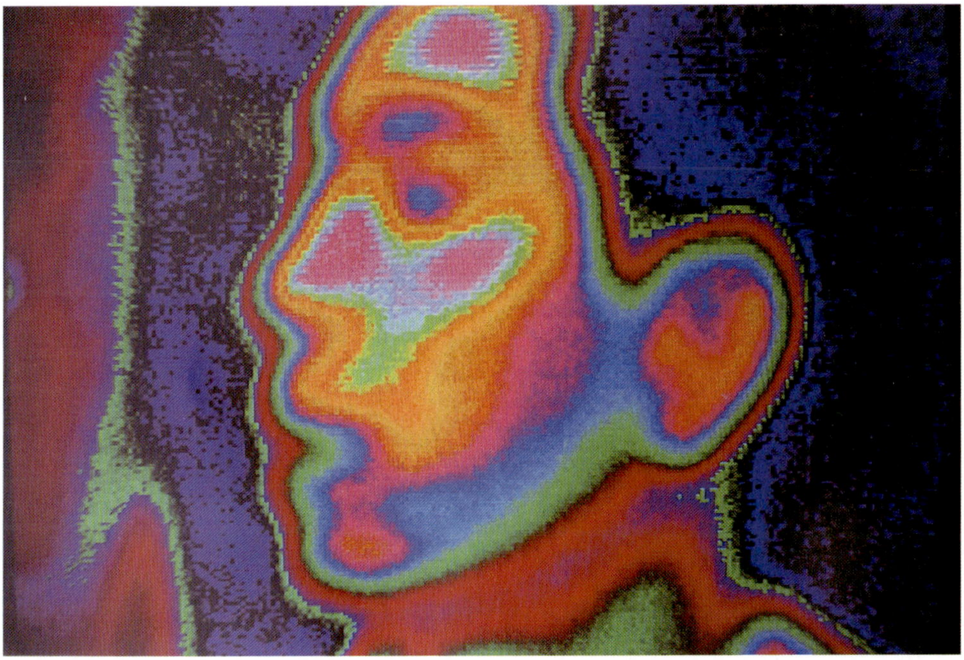

剖析 1985 年 李英杰摄

摄影展，就反映我们中国的变革，所以这个展览和相应的画册完全都是纪实的。这其中有对越自卫反击战战场上牺牲的战士的画面，有妻子送自己的爱人上前线的画面(《送别》)，还有反映长江漂流、维修长城等各种内容的作品，都是采用纪实方法拍摄的。等到 1988 年展览就快办起来的时候，我们的办展方针又做了改变，认为“李白”、“司马迁”都不能少，我们就在美术馆大厅办展览，一边是艺术，一边是纪实，展名为“中国当代摄影学会 88 展”，同年也出了本画册。现在看来这些参展照片都不俗，纪实部分反映了当时社会政治、经济、军事、体育和经济等方方面面，艺术部分中不少作品现在来看也很观念化。

1988 年还有一个影响很大的活动就是“国际新闻摄影周”，这次活动中，我们把世界上一流的摄影大师、荷赛获奖的作者都请到北京来，又把国内各省有点苗头的年轻摄影师也请到北京来，然后在一周时间里，白天分组和大师一块出去拍摄，晚上一块分析作品。活动期间，我们还出了一本集子，其中有我在天安门前拍的《广场摄影师》，很大胆的，反映的是 1988 年的冬天，特别冷，天安门广场上的摄影师都躲在小箱子里头避风。还有王学成拍的候车室里候车的人、刘占坤拍的农民工进城、于惠通拍的盲人工厂，等等，都很纪实，有的也有一些幽默感。通过这个活动当时国际上的摄影新理念就传进来了。

宋　靖：这应该是摄影对外开放的第一脚。

李英杰：是的，一周的活动胜读十年书，对我们以后的拍摄、观念的转变都产生了很大的影响，像现在中国摄影家协会的几位副主席，都是那个时候成长起来的。

宋　靖：谈谈您自己吧。

李英杰：好的，我现在感到特别自信，是因为我的摄影经历，中国摄影几次大的变革我都介入了，而且我在里面也都起到了比较重要的作用，要不就是参加了创办，要不就是负责组织，且奉献多于索取。关于纪实摄影，我觉得从新时期开始后，我逐渐认清了我要走的路子，就是平实记录中国人的生活和中国社会的变革。我认为“文革”以后，20 世纪 80 年代应该是中国摄影非常活跃的时期，90 年代以后是冷静地反思期，2000 年以后我们更多的年轻人到西方留学，更开放了，这对中国摄影来说也是一个大的变革，因为他们接触了西方摄影的理念，回来以后更活跃了，总的来说是提高了中国摄影与世界摄影融合的速度。这种关系好的方面就是眼界更开阔了，思想更解放了；但另一方面，

广场摄影师 1988 年 李英杰摄

候车室 1988 年 王学成摄

进城 1988 年 刘占坤摄

盲人工厂 1988 年 于惠通摄

我觉得我们不能把西方的东西生吞活剥地拿来与东方混合，尤其是纪实摄影，要是脱离了时空观，你在中国老想做美国梦，这不是出路。你是中国摄影家，手中相机对着的是中国的土地，你必须得做中国梦。所以应该着眼于中国老百姓怎么生活、中国社会怎样变革、西方对中国的影响，这都可以表现。一味地去追求奇特的东西、模棱两可的东西，学西方的外在表现形式，完全搞当代的追求所谓新锐，脱离了中国社会和民情，我觉得是没什么出路的。我自己曾经走了很多弯路，兜了一大圈，最后幡然醒悟，所以我不希望更多的年轻人去走弯路。现在几十年过去了，我有时常想，“文革”时拿相机天天在天安门照点东西都行啊，为什么没照呢？而是跑老远去拍两棵树、一朵花，而忽略了身边的变革。

80 年代我曾拍了我们胡同里一个做生意的街坊，他闺女嫁给老外了，那时候我觉得这个题材很平常。办喜事那天他们请我去帮着拍照我勉强答应了，现在看我觉得真棒，这是中国最早的涉外婚姻啊！可是当时就觉得我应该搞些艺术创作，今年争取去一趟新疆，明年去一趟云南，现在看来你们随便拿现在的数码相机照的都比我强，但是像刚才说的最早的涉外婚姻，你们现在能照出来吗？这就是我说的“过去心不可得”。我那时在《无线电》杂志当记者，领导派我到京郊雁翅拍那里的一个农民第一个用上黑白电视机，全村人晚上都跑到他们家看电视，于是我拍了一张。当时觉得无所谓，现在看就觉得挺珍贵了。当年我到深圳出差，客户抱着大砖头似的大哥大不停打电话，我都烦了，最后我就啪啪拍了两张，现在拿出来看我觉得是无意中的历史记录，这是中国通信发展的阶段见证，是时代的写照。还有一个搞现代艺术的朋友，我到鼓楼下看到他在那里刻木雕，光着个脊梁，腰上系着皮带，皮带上别着个 BB 机。当时我低角度拍他做木雕的姿态，无意中把 BB 机给夸大了，现在再看我发现 BB 机是这个时代的特征。所以这是我们摄影的特点，这些照片都真实地记录了一个有意义的历史瞬间。现在回忆起来，那是我们一步一步走过的脚印。我当时也拍过一些人体照片，并用了正片叠加等技巧，现在看作为技巧练习还可以，作为作品就留不下来了。所以纪实是不会过时的，当然我们现在应该百花齐放，立体交叉，互相之间不要攻击，谁把自己喜欢的东西拍好了谁就胜利了。

现在我拍的就比较随便了，又回到了“看山是山”的阶段，我在北京帮着编的一本黑白影集《北京生活》就是用我现在喜欢的拍摄风格编的。片子都是精选的，前言也是我写的。我就是要真实地记录普通百姓的生活，我在北京我就拍北京的生活，拍上海人的生活不是我的长处。所以你看影集选的都是记录百姓日常生活的片子，包括胡同的景色、胡同的人，早上上班者，老人遛狗，都是再简单不过的事，但这本册子在国内外同行里获得了很高评价。

通过收藏照片去理解什么可以留下来

宋　靖：好几位摄影家都提到了坚守自己的故土，把自己身边的事拍好。

李英杰：对，《北京生活》里不少照片是我自己拍的。这是胡同里的一个小门脸，做了个小发廊，老板和这些街坊，都是很普通的小场面。

《北京胡同》这张《中国摄影家》杂志给我出过一个小专题《中国百姓》，现在我拍的就是这样的，还是百姓生活。这张《现代村官》是我比较喜欢的，我拍的是门头沟的大学生村官。这张是《长城下的人》，后面是长城，这是我现在的一个专题，我已经拍了几千张。这些人是长城下修高速公路的民工，我和他们聊了一会儿，聊得很不错，跟他们慢慢熟了我就抓拍了他们干活时候的神态。我就觉得这些人和过去修长城的人没有两样，都是中国的脊梁。还有昌平的果农，种苹果的，种好了获得的奖品是一辆汽车，这都是很有时代精神的。

《新中国北京文艺 60 年 · 摄影卷》一书是北京文联让我主编的，我选片子的时候，发现早期的片子还可以选，摄影家还有一些。比如建国初期的片子，像袁克夫拍的 1954 年国棉一厂，虽不是名作但我也选了。书里面收纳了袁汝逊老先生拍的反映抗美援朝志愿军战士的战斗生活，以及反映抗美援朝中交换俘虏情况的作品，还有新中国早期的著名人像摄影师、中国照相馆的姚经才的作品。这些摄影家都有自己的代表作，都能在中国摄影史上找到一个位置，这一点很值得思考。除此之外，这里面还有记录学生上山下乡参加劳动的，有表现 1958 年交公粮、大炼钢铁、农业学大寨的，有反映对越自卫反击战的，有反映“文化大革命”的，有记录改革开放后北京开办的第一个个体餐馆的，有香港回归的，有三峡纤夫的，等等。以上都是我选出来的不同时期的代表作，都真实地反映了时代特征和人的精神面貌。但是到了 2000 年以后照片就不好选了，玩当代的、拍假民俗的、求新锐的，表面看轰轰烈烈，但很多作品只是好看，趋向浮华，缺乏分量，真实记录中国历史、反映时代的摄影本体功能减弱了。

我说的这些话可能有些年轻人能接受，有些人会觉得观念太老了，仅做参考吧。这里有一篇我写的介绍 20 世纪 80 年代群众摄影组织的文章，还有我费了很大的劲整理出来的北京摄影 60 年（1949—2009）大事记，可供对当代中国摄影史感兴趣的同

北京胡同 2005 年 李英杰摄

现代村官 2009 年 李英杰摄

长城下的人 2007 年 李英杰摄

给果农的奖品 2009 年 李英杰摄

学参考。

宋　靖：您选片的原则就是要经得起历史的考验，对历史负责。

李英杰：我常跟学生说咱们不是政治家，解决不了重大政治问题，不要带那么多主观强烈的东西。真实、客观地把事情记录下来，是我们的责任，对与不对，不是几个人可以说清楚的。只要这件事发生了，都应该客观地记录下来，经实践证明不对的我们可以吸取教训，对的我们可以歌颂发扬，这是摄影的功能。我们不是评判员，不是法院，不能对所记录的事物都先讲出谁是谁非。比如拍胡同，听说鼓楼四周要改造了，我就赶快去拍照，有关部门说你拍的都是破旧的主题，不好，我说现在拍有可能是显破旧，但我记录下原来的样子，将来可以回顾做对比呀。区里有的领导听后就觉得很有道理，他觉得真应该组织点人把拆之前的样子都给照下来，留做历史资料，这是明白人。

宋　靖：您的《稻子与稗子》是个什么情况？整个高调是不是在暗房做了一下？

李英杰：不是暗房做的，拍的时候就把它处理成高调了。1979 年我刚结婚不久，没有现在的宿舍房子，只好在酒仙桥租间农民房。那时农村房子四周都是稻田，798 一带还没有这么多楼，吃完晚饭我就到郊区散步，到了稻田见一个农民在那干活，我就去搭话。我说："您干吗呢？"他说："我撸稗草穗。"我问："您撸这个干吗？"我以为是要喂鸟。他说："稻子已经熟了，现在除掉稗子穗，我再打稻子的时候，这个稗子草就不容易混在大米里，咱们吃大米时不是经常有稗子籽儿吗，会影响口感。"我说："我觉得您这活儿是挺麻烦的，您还得分哪个是稻子，哪个是稗子。"他说："挺好分，您低头看，稗子总比稻子高出一脑袋。"我低头一看确实如此。这个时候我就有点感悟了，就在田地里拍了几张，回来一冲一放，发现不行。绝不是说摄影艺术形式不重要，刚开始拍，稻子稗子都是黑的，黑压压一片，那种感觉根本表现不出来。但是我觉得题材很好，于是我又去采了点稻子和稗子的标本，回到 878 厂的"红画组"，在屋里以白板子为背景，慢慢布置出来场景。我就想要线条的意象，因为我当时会画画，我要模仿中国画的感觉，那时确实还动了些脑筋，我把场景布置得尽量简洁一些，尽量做减法，在构图上做了些对比：高低、明暗、疏密、曲直，并借用中国画画兰花的方式，最后总算达到了心中的意念。这都是人在生活中长期经验积淀的感知结果。我通过提炼曲线和直线两种线条做对比，突出了两种性格：用曲线表现饱满、沉甸甸、谦虚、低调、与世无争的性格；用直线表现高昂、傲慢、洋洋得意、自高自大的性格。为了强化这两种线条的对比，我把

国棉一厂 1954 年 袁克夫摄

郎静山在北京 1991 年 李英杰摄

杂乱的稻子叶子都去掉了。《稻子与稗子》最早在四月影会第二届“自然·社会·人”艺术影展上展出，并配了一首小诗：高傲地昂着头，是轻浮的稗子；谦虚地低着头，是饱满的稻子。

值得一提的是，我当时对朦胧诗比较感兴趣，尤其是对“意象”的运用，所以后来我又写了篇《意体摄影初探》的文章，经龙熹祖推荐，发表在《文艺研究》上，这是《文艺研究》第一次刊登有关摄影的理论文章。他们又选了我几幅比较有意思的作品同期刊登了，其中就有《稻子与稗子》。

从道路裂痕拍到城市风景

陆元敏

中国摄影家协会会员
上海摄影家协会常务理事
普陀区摄影协会原会长

- 1950年生于上海。
- 1968—1972年上山下乡。
- 1972—1982年任上海市政研究所摄影师。
- 1982—2000年任上海市普陀区文化馆摄影干部。
- 代表作品有《苏州河》、《上海人》等，曾参加“中国摄影家作品展”（法国，1993年）、“黑白上海人十人作品展”（中国，1994年）、“中国当代摄影家五人展”（日本，1996年）、“中国现代摄影展”（德国，1997年）、“上海国际摄影展黑白作品展”（中国，2000年）、“东+西——中国当代艺术展”（奥地利，2002年）、“亚洲摄影双年展”（韩国，2002年）、“中国人本——纪实在当代”（中国，2003年）、“变化的中国——中国当代摄影家系列展”（德国，2004年）、“龙族之梦——中国当代艺术展”（爱尔兰，2004年）、“记录中国——当代摄影与社会变动”（美国，2004年）、“上海摄影家作品联展”（中国平遥，2005年）、“中国城市纪实摄影”（美国，2005年）、“城市·重视——广州摄影双年展”（中国，2005年）、“《生活》月刊摄影展”（中国，2006年）、“共享上海主题影像展”（中国，2006年）等。
- 曾举办“苏州河”（中国，2006年）、“那么元敏：陆元敏LOMO摄影展”（中国，2009年）、“繁花——陆元敏摄影原作典藏展”（中国，2013年）、“陆元敏的上海辰光”（中国，2016年）等个展。

《上海人 1990—2000》系列之一 陆元敏摄

讲评：

我记得陆元敏的照片第一次给我留下深刻印象是在《大众摄影》，当时就感觉他拍得特别朴实，特别安静，而且有种特别的温暖。后来我见到他本人，他也给我留下了特别不善表达的印象。第一次看到他的图片，感觉中国的纪实摄影能拍得这么轻松和有趣是很难得的，所以我那个时候就开始关注陆元敏了。

见过陆元敏你就知道了，他是个非常非常细致的人，记录什么都非常细，即使是让他去拍地上的马路裂缝，他肯定也会拍得非常细。或许正是上海市政研究所摄影师的这份工作，让他发现了自己的潜能。他后来调到文化馆，就从非专业转成了真正以摄影为职业，而非仅仅局限于辅助信息采集。

性格是可以造就一种影像风格的，陆元敏从来不强求什么，他的生活也是非常平静的。他是个丁克，没孩子，跟爱人一起过着很平淡的日子，可能是不希望过大起大落的生活，但他并不觉得有缺憾。他是喜欢拍照，但并不觉得靠拍照能够带来名，带来利，他并不奢求。实际上他走到摄影家的行列里也是非常偶然的，因为那个时候有相机等于一个小团体就形成了，大家就可以对话了。同为上海摄影家，陆元敏和陈海汶等人有共性的东西，他们都有自己的相机了，几个人就愿意一起玩。

他不喜欢抛头露面，你问他什么他就是笑而不答。我觉得摄影已经成为他的精神寄托，这可能也确实是纪实摄影的至高境界，如果能让一个人安静下来，能让一个人生活得非常自在，心里非常舒服的话，这也是摄影的一种作用了。

陆元敏访谈

从记录到纪实

宋　靖： 您真正开始拍照是什么时候？

陆元敏： 其实比较晚，我真正拍自己的东西是从 1989 年开始的。

宋　靖： 1989 年我大学毕业，从 90 年代开始教生活摄影，然后就到处找片子，陕北一帮摄影师怎么拍，江南一帮摄影师怎么拍，深圳一帮摄影师怎么拍，北京一帮摄影师怎么拍，都要找一找，在上海我就看到了您的片子。

陆元敏： 我正式开始拍的时间是 1989 年，但其实接触摄影是很早的时候了，是在七几年因为很偶然的一个机会接触的。我是从农村到城市的，单位分配给我的工作正好是做摄影，拍工程上的东西，也是偶然性的，由此我变成了一名摄影师。

宋　靖： 您当时在什么单位工作？

陆元敏： 市政研究所。我的主要工作是把路、桥、下水道啊这种工程上的问题拍下来，我印象最深的就是拍道路的裂痕。

宋　靖： 您那会儿拍的是胶片吧？拍胶片是不学自通吗？

陆元敏： 拍胶片也是有师傅来教，就是教你要把道路拍清楚，没有什么概念，没有什么观赏性，完全是工程上的东西。还有比如说如何曝光、怎么用测光表、怎么配药等，就学这些东西。我从小喜欢画画，想做画家，所以上山下乡以后就误打误撞到了宣传组画画，后来因为会画画，组织上就让我去放电影，成了电影放映员，他们觉得放映电影可能和摄影有关系，所以我就成了摄影师。

宋　靖：您是知青么？

陆元敏：是知青。开始和雍和在同一个农场。我当知青的时间特别长，当了 8 年。

宋　靖：回来以后就在市政研究所了？

陆元敏：是的，就拍这种东西。

宋　靖：那个时候是不是还有片比啊？就是说，别人给您一个胶卷，您得拍回来 36 张全都不一样的裂痕，有这个事吗？

陆元敏：没有，但是确实比较难。我的相机星期六的时候可以自己拿着，不用还到单位，如果外出拍摄，也可以拿回家，趁这些时机，我就把原来的胶卷卸下来，把自己买的装上去。这个时候拍摄就特别起劲。

记得有一次我特意星期六赶到农场，就是原来工作的地方，有一些朋友还在那里，我就给他们拍留念照片。我把药水都带到那里，拍完之后当晚马上冲洗，用小太阳打着灯开拍，觉得特别有意思。这个时候纯粹就是为了体验摄影的乐趣，但后来慢慢看了一些书，看别人拍的东西，就想也拍些主题的东西，但其实这很不适合我，我就觉得自己很差劲。所以后来我觉得还是回到自己刚拿到相机时的拍摄方式，就是拍自己身边的一些朋友。回到原来拍摄的方式，刚好是拍自己最熟悉的，这个对我来说很重要。尽管是留念照，但那个时候拍得还是挺有创意的，只是好多照片和底片都找不到了。

宋　靖：您做了这么多的展览，记录了上海这么多的变化，说说您的《上海人》吧！

陆元敏：我拍的大多数是家和单位附近的所见，还有自己认识的朋友，就是说我又回到了那个给自己留念拍摄的时候，我个人拍留念照的感觉更强烈一些。我的照片就是留念。我小时候的照片很少，就没几张，哪像现在的小孩，一出生大人就给他拍照。

现在我觉得这可能和遗传也有点关系，因为我父亲一开始也很喜欢摄影，他也是 20 多岁的时候买了台相机。那时候也没多少钱，能买台相机肯定是特别喜欢的。他自拍了一些，还拍了弟弟妹妹的照片。等到他结婚了，可能觉得要负起家庭的责任，就把相机卖掉了，所以从来没给我们子女拍过照。由于我自己的照片特别少，我就觉得留念的照片特别重要。我印象最深的照片就是小学拍报名照，这是我自己第一次有意识地走进照相馆拍照片。那时候对照片也很期待，但要一个星期后才能拿到，我就一直把收据放在口袋里，然后想象一个星期后会出来什么样的照片，我会幻想自己被拍

以上四图均选自《上海人 1990—2000》系列 陆元敏摄

得很精彩，会被放到橱窗里去。有一个大姐长得很漂亮，她就拍了一张照片放在橱窗里，大家都知道她，我想我这张是不是也可以放进橱窗里。这想法当然很幼稚。但是，当我去拿照片的时候，却发现收据丢了。照相馆的人一把把我抓住，拖到学校里说这个小孩很不老实，说我已经取过照片，又来取。其实我的收据已经被别人捡到了，我的照片都被取走了，可能是我同学的恶作剧，我就变成冒领了。所以第一张照片就给我很大的挫败感，这也是我后来对影像比较珍惜的原因。我就是拍自己熟悉的人和物，后来把这点扩大，拍完全和自己有关系的，现在把范围扩大到整个上海了，当然其实也还是很小的范围。

我觉悟得晚，放弃的东西也特别多

宋　靖：以前的上海和今天的上海变化还是很大的，现在上海的外来人口也很多，您现在拍的上海人是哪一群人？

陆元敏：还是上海人。因为我过去拍的范围比较窄，现在退休了时间比较多，地铁也方便了，拍摄范围就散得比较开。过去南市区我很少去，现在感觉还居住着很多老上海人。我原来选择的拍摄对象是和自己年龄差不多的人，现在我拍的也都是和我年龄差不多的人，年纪大了闲着没事就在街上逛，满嘴都是很粗俗的上海话。

宋　靖：您拍《苏州河》是从什么时候开始的？

陆元敏：1990 年左右，主要拍苏州河的沿岸。因为我当时骑自行车上下班，正好每天都要经过这条河。1990 年以后上海别的地方已经开始变化，但这里还是保持着原来的状态，我觉得很好玩。我拍的这些照片的时间感是非常模糊的，感觉几十年前也是这样，当时我想可能几十年后也是这样吧。但是很快，几年以后的变化就很大。

宋　靖：您在拍的过程中，跟某些家庭有什么深入的接触吗？

陆元敏：没有，我特别不善于和人家有什么接触。

宋　靖：那就是看构图上、光线上合适就拍，没有去了解人家的状态？

陆元敏：我是感觉自己做不到，所以我高角度拍苏州河的照片也很少。后来我觉得这也有好的地方，因为很多人拍苏州河会选择一个很高的角度，毕竟这样才能把河表现出来，但用高角度拍摄肯定要去和别人打交道，比如要和门卫打交道，或者和某户人家打交道，找到某个窗口，这都是我做不到的事情，所以我还是骑着自行车，边骑边拍，这样和生活会贴得很近。

宋　靖：对，您这是一种摄影的方法，纯粹客观的，没有进入他们的生活中。

陆元敏：的确是我没有能力去和别人打交道，其实我也很想冲到人家家里，有时候看到一个阳台，感觉如果在阳台上拍效果肯定会很好，但一想到要和别人打交道就放弃了，所以我放弃的东西特别多。

宋　靖：这就是您的性格和方法，成就了您自己的独特风格。深入进去拍的人也有，像您这种就是比较冷静的，而且视角永远都是平视的。

陆元敏：我几乎是骑着自行车拍。

宋　靖：就是坐在自行车上拍。

陆元敏：对，因为我觉得特别安全，在自行车上你可以拍一张马上就走，就这种感觉。

宋　靖：大概拍了有多少张？

陆元敏：拍得挺多的。

宋　靖：拍了好几年吧？

陆元敏：拍了两三年，几乎每天都经过。而且我在单位没什么事情的时候，就跑到这条河边，沿着两端走，这个星期从东边，下个星期可能从西边，来回不断地反复拍，其实有一些照片拍了上百次，都是在反复、重复。总会有运气好的时候，碰到一张好的，马上冲洗。

宋　靖：您那个时候还在市政研究所工作吗？

陆元敏：不，那时我在一个文化馆工作，市政研究所的工作不适合我，我觉得太痛苦了。

宋　靖：后来就从研究所调到文化馆？

陆元敏：其实是舍近求远的一个事情。因为研究所离我家很近，而到郊县新成立的文化

以上四图均选自《苏州河》系列 陆元敏摄

馆，要走很远很远的路，但是相机可以随便用，这是那时候最吸引我的一点。后来因为这个文化馆越搬越远，实在是太远了，我又换了一个文化馆，一个离家比较近一点的文化馆，工作了几十年，一直到退休。

宋　靖：那您的胶片是文化馆的吗？

陆元敏：不，我自己的，因为我不想和单位发生这种关系，单位的东西还是交差的东西。

宋　靖：那您拍《上海人》能坚持拍几百遍，应该也是有目的的。

陆元敏：一方面是闲着无事，总想拍些东西。有一部分是拍家庭的，上海人家，留念性质的，但这个就很难拍，就一定要星期天，朋友在家才好。那时候还没有双休，家里有些老人不大愿意拍，尽管我拍的是一些同年龄的，但那时候我的同年龄的人都是和上一代住在一起的。有一些家里的老人会觉得家里很乱，不让拍，我也就放弃了。另一方面，我自己有一种惰性，觉得这个东西可以慢慢拍，但其实就是在几年之中，人们的住房开始发生变化，开始建新的房子，旧房子也被翻新，老一代人也开始走了，过去的痕迹都被擦掉了。

1991 年、1992 年，那是最好的一段时间，正好是马上要变化，但还保留着很多上一代的痕迹的时候。所以如果当时我再勤快一点，拍个几百户人家多好，但其实我拍的可能三四十个人也不到，很遗憾。

宋　靖：比较起来，《苏州河》是不是拍的特多？

陆元敏：因为苏州河可以沿着河随便拍，不是星期天也可以拍这个题材，我平时没事情干的时候也可以拍。

宋　靖：那个年代您是不是受到什么摄影家和艺术家的影响，知道这是一个作品，所以要拍摄记录保存？

陆元敏：我觉悟得很晚，有些题材我已经看到了，但是我觉得自己很迟钝，根本没有意识去拍这个东西。当时我拍《苏州河》的时候，家里有一本地理杂志，正好有一个专题是拍西方一个城市的河流，和苏州河很像，我感觉自己可以拍出和我家唯一一本画册很相似的一张照片，很感动。当时也有几个朋友一起去拍，所以拍苏州河不是我突然想到的，只是正好家住在河边。说起来很凑巧，我有一次在苏州河桥上拍的一张照片正好获了奖，于是我用奖金买了一支 35 毫米的镜头，用这支镜头拍了一张照片。我觉得那张照片和我在杂志上看到的那张很像。有了这个起点我就不断地拍，来回走，也很着急，拍好了马上就冲洗。

宋 靖：那您现在还在拍吗？苏州河已经改得面目全非了。

陆元敏：这个已经和我关系不大了，我也不再经过这条河了。另外，这条河已经变得和原来完全是两个样子了。

宋 靖：苏州河两岸住的是老上海人吗？

陆元敏：上海人也有，但是外地人也多。当时已经是外地人多了，大多数房子是租给别人的。苏州河当时是特别热闹的一个地方，有小商小贩，有运输船运东西，每个人自己干自己的事，你拍照片人家完全不会理你，很舒服，你会觉得完全不受干扰，也不会引起人家的注意。

宋 靖：等于您的《上海人》和《苏州河》是同时拍摄的？

陆元敏：前者不是我想拍就可以拍的。

宋 靖：拍《苏州河》您比较游刃有余。

陆元敏：有大量的时间可以拍摄。

宋 靖：您说的这个经验特别好，就是一个题材，一直平行拍摄，现在看一样特别有价值。雍和老师说他是一个点一直深入进去的，而您则一直是平面拍，最后用这条河的概念串起来变成了一个作品。您是一直用 135 拍的？

陆元敏：对，我觉得 135 可以拍很多照片，120 就不行。

不必时刻想着要去创造什么

宋 靖：之前您还拍过小狗的照片，当时是为什么拍呢？

陆元敏：在家里看到它们很可爱，总是会拍一些。之后到街上去，只要看到狗就很激动，就拍了一些。因为要做展览，就正好选了一些，原来想可能选不出什么的，但找了一下居然找到很多，足足有 50 张，当然没有展出这么多，但看到还是有兴奋感。我自己没有子女，老婆也被我拍烦了，只有小狗是最听我话的，看到它们很可爱的样子就把它们拍下来，这样逐渐也扩展到拍外面的狗。其实还是狗的背景比较吸引我，比如说有一张拍的是屋顶上的一条狗，养狗养到屋顶上去了，很少有。

宋　靖： 您拍自家的狗多是在室内还是外景？

陆元敏： 我个人还是比较喜欢表现环境，拍我自己的狗更多的是在马路上遛狗时拍的，总是把它们拍得不太好看，比如它们在撒尿的时候，但我觉得还是很生动的。

宋　靖： 那您现在还有什么拍摄主题吗？

陆元敏： 主题基本没有太大改变，基本上还是拍身边的一些琐事，更多的还是一种重复，但我觉得一个人做些重复的事情也是对自己的一种放松，也不必时刻想着要去创造什么东西。

宋　靖： 对，您说的很纯粹。很多事情在不断反复之后，你反而能在其中找到乐趣。没有大量的反复，一件事情就很难真正深入下去。

陆元敏： 在不断的反复中总感觉明天会有更好的运气，能拍到更好的片子，对自己总是不会满意，总是希望明天、后天能更好。其实摄影和其他艺术形式不太一样，一半还要靠机遇。

陆元敏拍摄的小狗（选自《犬犬之心》）

乱世中的学者、爱国者

孙明经

著名科考摄影家
中国电影教育先驱
中国电视事业的拓荒者

- 1911 年生于南京。
- 1934 年于金陵大学（1952 年并入南京大学）物理系毕业后留校任教。
- 1937 年主持开拍大型系列电影《中华景象》。
- 1937 年进行从华东至西北的科考万里猎影。
- 1938 年至 1939 年进行川康科考摄影（包括自四川广元至新疆迪化的驿路驿站的拍摄）。
- 1940 年至 1941 年在美国进行行程万里的科考摄影。
- 1941 年回国后，任金陵大学理学院副教授、教授、影音部主任，主编《电影与播音》月刊。
- 1942 年进行行程万里的云、贵、川科考摄影。
- 1952 年 9 月，全国高校院系调整，孙明经及夫人吕锦瑷携原金陵大学电影与播音部全部器材教具，率部分教师与部分尚未毕业的学生北上，和另外四个机构合并创建了中央电影学校，并筹建北京电影学院，直至 1992 年离世，都没离开北京电影学院。
- 1956 年中国摄影家协会和中国电影家协会成立，孙明经成为这两家协会的第一届理事。
- “文革”时期，孙明经翻译英、法、德、日、俄等各国外文原著中有关电影电视最新进展的资料 200 余万字。
- 1992 年，孙明经在北京逝世。

“还我河山”。自贡釜溪河中等待前往抗战前线的运盐船 1938 年 孙明经摄

讲评：

孙明经是一位很难得的近现代电影教育家、学者，他在抗战初期看到对于大后方的西南诸省社会、经济、民生的记录寥寥无几，当时就决定以影像最真实地记录社会现状，他的影像具有很高的研究价值。

作为一名学者，他的治学态度和创作态度都是很严谨的，除了拍摄，他更是耐心地对每张图片加以详细说明，对于为何拍摄这张图片、拍摄时遇到了什么、当时人们的反应如何都有详细的介绍，让后人可以于轻松阅读中全面把握过去时代的面貌。

对于在北京电影学院学习的年轻人，对孙明经教授的人生经历和成就的研究，可以帮助他们从源头上了解到我国电影教育是如何发展起来的，以及抗战初期西南诸省民生是什么样的。通过对那段时期学界的了解，可以帮助学生们对未来道路的选择进行思考。

根据收集资料编写

立志专门研究电影

孙明经的父亲孙熹圣是最早和电影结缘的中国知识分子，他第一次看电影和接触电影机是1898年。他是第一个把外文“CINEMA”翻译为“电影”的中国人。1903年，他成为最早在中国大学课堂中放映电影的中国教师，他也是南京金陵大学前身汇文书院“校园电影”的推动者和参与者。其母孙隋心慈更是中国尝试自拍的第一名女教师（1901年1月，孙隋心慈和丈夫孙熹圣坐在自家的窗前自拍了新世纪合影）。

由于有此父母，孙明经自儿时始，对照相和电影就发生了浓厚兴趣。不仅如此，孙熹圣有一陆姓世交，两家同住一所大院子，陆家有个长孙明经8岁的男孩，自幼钟爱照相，他只要出门拍照就带着孙明经同行，并教孙明经使用各种相机，这使孙明经小小年纪就有了亲手使用多种相机拍照的机会。

孙明经自幼聪慧，5岁入初小，10岁入初中。孙熹圣经常到各地讲学和考察，为使儿子见多识广，他每次外出都带孙明经同行，并告诉他“多看照片和电影对增长见识大有好处”。因此，儿时的孙明经不仅比同龄孩子有更多看电影的机会，而且小小年纪便有了在南京、北平、济南、上海、汉口各地图书馆中翻看各种画册和画报的经历。

1920年，金陵大学三位大学生在郭凤仁教授（T.B.Griffng，美国植棉专家）指导下完成了一部教中国棉农种植良种棉花的教育电影。这部电影在中国良种棉推广工作中发挥了巨大作用。这件事深深打动了年仅9岁的孙明经，从此他在心中为自己确立志向，“将来要做一位专门研究电影的学者”。

1925年金陵大学毕业生陈裕光博士辞去北京师范大学代校长职，回南京金陵大学创建了文理科并任科长（陈裕光1927年起任金陵大学校长，在职24年，为中国高教史中任期最长的大学校长）。孙熹圣和陈裕光父亲是好朋友，陈裕光还是小学生时孙熹圣便教过他放电影。1911 年，陈裕光入金陵大学和同年入学的陶行知一起成为金大“校园电影”的积极参加者。

其实 1922 年陈裕光受聘从美归国参加筹办北京师范大学（前身为北京高等师范学校，即早年的京师大学堂师范馆）并任教务长、理化系主任、校评议会主席兼北师大代校长时期，陈裕光就和教育大家蔡元培共同商讨如何提高我国大学、中学理化教育水准及引进西方先进教学方法。他们有感于美国大学、中学已大量使用教育电影和照片教材，于是提出：“我们应该尽早开始培养中国自己的大学电影和摄影学科的教师。”

1926 年孙明经 15 岁，就读于中华公学高三年级的他为自己确立了一个未来的学业事业方向——做一位研究电影的学者。当时中国并无专门教授电影的高等院校系科，而他升大学就在下一年，孙明经遂向父亲请教该升哪所大学，学什么专业方能向“研究电影的学者”方向迈进。此时陈裕光正在金陵大学任文理科长（1929 年文理科分别发展为文学院和理学院），孙熹圣于是带儿子去拜访陈裕光，请他帮忙选定一个求学方向。陈裕光听后十分高兴，他告诉孙明经：“电影本是科学成果，今天在美国的发展已无孔不入，明经小弟弟欲求这个发展方向实在很好。今天中国无此专门学校和专业，正待将来由明经小弟开创。就硬件而言，电影集光、机、化、电的成果于一身。电影正在向有声发展，声学成果也将纳入。电影的发展，正在把工、农、林、商、宗教、戏剧、文学、音乐、美术、教育、政治、外交纳入其身。如有志未来终身研究电影，声、光、机、电、化、文、史、戏、美、音、工、商、教育、农林、宗教、政治、外交各科知识都需涉猎。但电影的基础是胶片，是电机，是光学和声学。我建议小弟从化工入手，再电机，再物理。在读正科之同时，可选修文学、戏剧、音乐、农林、教育、宗教、政治等专业相关课程。小弟毕业之日，我将聘小弟于该校文理科中开设电影课程，我的建议小弟以为如何？”

1927 年，孙明经考入金陵大学化工系，学满学分后，再入电机系，学满学分后，再入物理系，于 1934 年历时七年，学满三系学分毕业。七年中间还选修了国文、戏剧、神学、外语、音乐等各科。

应时而需，大展拳脚

1930 年，金陵大学电影教育委员会成立，孙明经以勤工俭学学生身份被聘为书记员，由此开始了他一生从事电影、电视、广播、摄影研究、创作、教学的生涯。

委员会时任负责人、金陵大学理学院院长魏学仁在聘用孙明经时和他谈过一次话："聘一个学生做点事，让他可以小有收入，这种事在金大早有传统，文、理、农三院皆然。在系里、在院里算是很小的一件事。可是这次聘你做电影教育委员会的书记员，我是和陈校长专门商讨过的。我和陈校长在美国留学期间，都亲眼看到了电影对科学研究，对教育的发展，对工业、农林业、商业的发展，乃至对国家的政治都产生着影响。因此，我们今天在中国讲科学救国，讲教育救国，电影这一利器不可不用。陈校长对我讲过，他在做北京师范大学代校长时，就萌生过在师大开设电影教育的研究课程的想法，但终因杂务缠身未能实现。初回金陵大学做文理科长时就和校长包文专门商讨过此事，但当时苦于缺乏合适的师资人选。而今天的中国实在也找不到一个合适的人选可以胜任此事。陈校长讲，你自幼有志成为一位研究电影的学者，我们金大何不自己造就出一位中国人自己培养的电影研究和教育的专家呢！陈校长也给我讲了令尊和电影的那一段奇缘。当初陈校长和我先后在金大做学生时，都曾热衷过校园电影。陈校长讲，金大的校园电影，起于汇文书院时代，令尊当时即有参与。谷剑尘先生自 1928 年始对电影在中国发展的历史进行研究，但他的兴趣并不在科学与教育。电影教育委员会的成立，当是中国电影将有正规大学水准教育的先声。我和陈校长希望，中国过去没有专门的大学电影教师的时代，自你毕业时为止。因此，你今后绝非仅为一个开会做记录的一般书记，你所记录的内容，将是中华民族电影高等教育历史最早的篇章。从今之后，你当细心收集今日之前和今日之后的一切与中国人学习电影、使用电影、教授电影、研究电影有关的文书、著作、讲义、会议记录、官方指令、要闻要事，为日后有志研究中国电影教育历史的学人，留下一套详尽完整的资料。"

孙明经谨遵师训，自 1930 年开始，几十年不间断地收集有关中国电影教育、中国电影科技、中国电影经济的资料、史料、官方文书、实物（不幸的是，这些宝贵的史料，在"文革"开始时被工宣队全数以"黑材料"收去焚毁）。

1932 年 7 月，中国教育电影协会成立，陈裕光又推荐孙明经做会议的助理书记员，除坚定的意志外，孙明经的一手好字，也得到与会各方大员和国内著名学者如蔡元培、罗家伦、蒋梦麟等人的好评。会后，魏学仁推动杨简初等教师组织孙明经等人考察华东电力事业，孙明经执笔完成考察报告，并在报告中配了自己拍的一批照片，从而使此报告图文并茂。蔡元培在一次会上向学界泰斗们介绍并展示此报告，提出"建议今后的科学考察报告应尽可能配些照片"。

1930 年金陵大学开始引进并翻译美国柯达公司出品的教育电影用于教学。1934 年受中国教育电影协会的委托和蔡元培的建议，由理学院院长魏学仁主持开始拍摄我国的教育电影，孙明经于该年受聘成为魏学仁拍电影的专职助手，摄制了《苏州名胜》（魏学仁亲自持机摄制）。此后不久，魏学仁在理学院成立了“金陵大学教育电影部”。后来魏学仁很忙，此事便交由孙明经负责，委孙明经做教育电影部副主任。该部先后完成《首都风景》、《上海》、《广东省》、《福建省》、《青岛风光》、《水泥》、《牛肉》、《竹器》等一批影片。在拍电影的同时，孙明经还拍了大量照片，由此，开“用电影和照片记录国情调查和地理调查的先河”。蔡元培在看了孙明经拍的一批影片和照片后，高兴地称孙明经是“拿摄影机写游记的今日徐霞客”。

1932 年至 1933 年，孙明经随业师杨简初教授在中央大学物理系的实验室中，完成了中国人制出的第一套可以摄取、传输、观看的电视系统原理样机。“电视”这一中文名即由杨简初教授译定，杨先生对孙明经讲：“你写的字好，你把这两个字写出来，在实验室的墙上和门上各贴一份。”从此，TV 在中国有了中文名字——电视。

1933 年，孙明经在金陵大学和金陵女子文理学院物理及化学联合年会上做《光电管在电视中的作用》的报告，引起金女大全校第一名的学生吕锦瑗的巨大兴趣，由此二人相识，并于 1937 年结婚，从此成为学业、事业上相伴一生的伴侣。

1934 年孙明经完成论文《光电管及其应用》，讲述了光电管在电视、电影等领域中的用途与发展，论文获中山文化馆物理论文甲等奖。

1934 年，国际教育电影协会发起主办“农村题材国际电影大赛”，中国教育电影协会委托金陵大学摄制一部农村题材的影片参赛。陈裕光校长和魏学仁院长派孙明经负责组织这次拍摄（编剧孙明经、潘澄侯等，导演黄天佐、邵仲香、周明懿，摄影颜鹤鸣，主演威利、兰英、李英、吟特），由金陵大学农学院、理学院共同参与筹划，并和中央摄影厂协作完成此片。该片 1935 年 7 月 23 日参加在比利时布鲁塞尔举行的农村电影国际比赛，在美、英、苏、意、法、日、中等 19 国参赛的大赛中获得第三名，开中国电影在国际电影大赛上得奖的先河。

1936 年，金陵大学成立“电影与播音部”，魏学仁做主任，孙明经做副主任。该年国民政府教育部决定主办“全国电化教育人员训练班（即电影与播音师资班）”，由全国各省、市教育厅局选送青年大学教师到南京培训。教育部和中国教育电影协会委托金陵大学承办此事，这是中国电影广播高等教育的开始。教师都是当时的著名学者，其中孙明经开设“动片摄制”（电影）、“静片摄制”（图片摄影）、“教育电影与摄制”三门课。该训练班于 1936 年、1937 年（在南京）、1938 年（在当时国民政府陪都重庆）

峨眉市东门及街市门楼上的口号：实行新生活 复兴中华民族。其中“复兴中华民族”是海峡两岸纪念辛亥革命的共同口号。左边墙上可见“抗日救国”，具有很强的时代感 1939 年 孙明经摄

甘孜寺围观跳神的民众。这里人山人海，挤满了屋顶，可见甘孜寺屋檐之坚固。而其为观众提供的视觉和听觉效果，几可与古罗马斗兽场相媲美 1939 年 孙明经摄

共办三期，培训青年教师近 300 人。

1938 年，金陵大学在重庆由孙明经主持创办“电影与播音专修班”（大专）。在该班中，孙明经开设了“影音稿本”、“摄影初步”、“摄影机”等新课。

1940 年，孙明经支持夫人吕锦瑷先生研制出中国人制的第一幅可实用的照相底片和X光片，并在后来的时日中支持夫人吕锦瑷先生先后创建“摄影化学”、“摄影彩色学”、“彩色与黑白胶片”、“电影洗印技术”、“播音技术”、“影音文献”等多门课程。

1940 年至 1941 年，孙明经赴美国明尼苏达大学视觉教育中心与纽约美国影片中心社等地进行电影教育考察，并积极筹集款项购置了一套当时世界上最先进的适用于电影高等教育的配套电影器材。回国后他写道：“我感触最深的是纪实电影（Documentary Films）所采用的独到的技术和洗印技术的新发展。”回国之后，孙明经创办了中国第一本电影学术杂志《电影与播音》月刊，并一直担任这本杂志的主编。

在 20 世纪三四十年代，孙明经先生怀着对祖国工业现代化的满腔热忱，用他的摄影镜头大量对准了当时的民族工业与手工业，摄取了众多劳动者的工作场面与劳动过程，记录下劳动时工人的优美形象。

不仅如此，为了配合全民族的抗日战争，孙明经拍摄了宣传国防教育知识的科教影片《防空》、《防毒》。此外，他将自己拍摄的部分影片进行综合后，重新剪辑出了一部影片《还我河山》，并亲自拿到民众中间广泛放映，以鼓舞、激发民众的爱国热情与“打回老家去”的昂扬斗志。

1944 年，孙明经先生受聘担任中国教育电影协会教课组副主任，负责筹划抗日战争胜利后全国电影教育的课程设计。

四次万里拍摄

孙明经一生有四次行程超过万里的拍摄经历：1937 年从华东至西北的科考万里猎影，1938 年至 1939 年的川康科考摄影（包括自四川广元至新疆迪化的驿路驿站的拍摄），1940 年至 1941 年在美国的行程万里的科考摄影，1942 年至 1945 年行程万里的云、贵、川科考摄影。四次万里科考除摄制了一大批电影外，还拍摄了数以万计的照片，虽经过“文革”灾难，今仍存 135、120、大尺寸底片及幻灯片 5000 余幅。

在四次万里拍摄考察中，孙明经在 1937 年 6 月初抗日战争全面爆发的前夕从南京出发，8 月初返回南京，对我国华东、华北、西北进行了跨越“七七”事变前后历时将

恢宏壮观的输卤竹笕 1938 年 孙明经摄

近两个月的考察，这是孙明经第一次行程超过万里的考察。

1937 年抗日战争全面爆发后，日军相继占领了我国不少地区，切断了内地军民食用海盐的来路。而自贡盐场则成为抗击侵略的重要支柱，为大后方的稳定做出了重要贡献。1938 年 4 月，孙明经一行从重庆来到自贡，对当时的井盐生产状况，拍摄了一部 22 分钟的纪录片和 800 多张照片。回到重庆后，孙明经将这些影像公开展示，极大地鼓舞了国人士气，这些原汁原味的民俗、风情、风貌影片也都成为弥足珍贵的影像史料。

1940 年至 1941 年在美国考察期间，孙明经进行了科考摄影；1942 年至 1945 年，孙明经又参加了云、贵、川科考摄影。

据中国艺术研究院《艺术年鉴》刊文《尘封的记忆：孙明经和 60 年前的影像中国》介绍，1978 年，负责管理北京电影学院仓库的后勤干部无意中发现了 3 个写着“孙明经材料”的麻袋，从此揭开了改写中国摄影史的篇章。文章介绍，麻袋里装有孙明经拍摄的部分摄影底片、反转片和幻灯片，包括 1939 年他去川康科学考察时拍的近千幅 120 底片，1938 年他在自流井、贡井科学考察时拍的一部分底片（120 底片 300 余幅），1939 年发现熊猫的科学家抱着熊猫的底片（120 底片 50 余幅），他在 1937 年抗战前夕行程万里拍摄的苏北、山东、河北、北平、绥远、山西的部分底片（120 底片 300 余福），抗日战争第一仗“百灵庙战役”的有关底片，1936 年和 1937 年对南京、杭州等城市进行市容调查时拍的底片（120 底片百余幅），1939 年日机轰炸重庆市后烟火中的市容的底片（120 底片 16 幅），抗战后审判日本战犯的幻灯片，我国早期电影、摄影教育活动记录的部分底片（120 及大散页底片几百幅），30 至 40 年代对中国部分城市、乡村民情科考记录的底片（120、135 底片近千幅），30、40、50 年代南京金陵大学、金陵女子文理学院、中央大学各方情况底片（120、135 底片近千幅），还有人民解放军解放南京庆祝活动的底片，等等，而这些还只是孙明经在“文革”时被抄走的作品和资料的一小部分。

文章认为，在这些摄影和电影作品里，穿越历史的长河，再现了那个时代早已飘逝的众生容颜及与他们的生活休戚相关的周遭事物，甚至思想灵魂……从作品产生的影响和价值看，它们构成了世界纪录电影史和人类学纪实摄影史的一部分，孙明经应该是中国学院派纪实摄影和纪录电影的奠基人之一。

1952 年全国高校院系调整，孙明经、吕锦瑷受命率金陵大学影音部部分师生携全部器材北上，与另外四个单位合并成立中央电影学校（北京电影学院前身）。在新校课程与教材建设，以及电影、电视、摄影高级人才的培养方面做出了贡献。直至 1992

开凿盐井。在没有电，无法以电为动力的时代，靠什么来打上千米的深井，又靠什么把盐卤从千米的深井中提上来？靠人力和牛力。还有一种装置是用十几牛头拉动直径十几米的车盘，以此提升钻头和盐卤 1938 年 孙明经摄

康定父子。在道孚县大寨村村口，一位康定父亲与他的儿子留影 1939 年 孙明经摄

溜索过河。康定郊外经济欠发达，人们用当地的竹篾编成十几厘米粗的竹索，制成溜索，架设在沟壑激流之上，过河时一只手臂抱着滑动的木筒，一只手拉着溜索前进 1939 年 孙明经摄

乌拉娃。孙明经在道孚县以东荒原上，途遇正在休息的五位乌拉娃，其中一位是女性。乌拉娃，即被派出门应差的康定人 1939 年 孙明经摄

牧场大厦。道孚县八美泰宁省牧场事务主任宋国英（英国领事金路易之妻弟）夫妇留影，其身后的牧场大厦为典型的藏式建筑 1939 年 孙明经摄

年去世，孙明经一直没有离开电影学院。

孙明经一生为我国培养了一大批电影、电视、摄影、播音领域的高校教师和高级人才。北京电影学院摄影系的老教师们几乎都是孙先生门下的弟子，或弟子的弟子。他培育的学生中，除了大批成为著名电影摄影师、著名导演外，还有相当一批人担任了国家电影局局级领导、北京电影学院院级与系处级的领导，也有的担任了电影制片厂、电影洗印厂、胶片制造厂的厂长、总工程师、车间主任等领导职务，可谓桃李满天下！

资料摘编自《孙明经 1939 年走进雅安》、《孙明经手记：抗战初期西南诸省民生写实》、《1937：万里猎影记》、《民国教育电影研究：以孙明经为个案》等孙明经相关图书或史料。

『自然·社会·人』的观察家

王立平

中央文史研究馆馆员
中国音乐著作权协会终身名誉主席
中华文化促进会副主席
中国摄影家协会理事
中国作家协会、中国书法家协会会员

- 1941 年出生，吉林省长春市人。
- 1954 年考入中央音乐学院少年班主修钢琴。
- 1965 年毕业于中央音乐学院作曲系。
- 1968 年下放天津葛沽八一农场劳动四年半。
- 1973 年在中央新闻纪录电影制片厂开始从事专业作曲。
- 1979 年调入北京电影乐团（现今的中国电影乐团）从事电影电视音乐作曲，后担任中国电影乐团团长。
- 1985 年任中国音乐家协会书记处书记，并开始从事音乐著作权保护，多年来为推动著作权法的制定、实施和完善，做了大量工作。领导创建了我国第一个著作权集体管理组织——中国音乐著作权协会，担任主席，后担任中国音乐家协会副主席。
- 1988 年任第七届中国人民政治协商会议全国委员会委员。
- 1992 年当选为中国电影音乐学会会长。
- 1993 年当选为第八届全国人民代表大会代表，同年任中国音乐著作权协会主席，并改任中国电影乐团艺术指导。
- 1994 年任全国人民代表大会民族委员会委员。
- 1995 年加入中国民主促进会，并当选为中央常委。
- 1997 年当选为中国民主促进会中央副主席。
- 1998 年任第九届中国人民政治协商会议全国委员会委员，并当选为常务委员会委员。
- 2015 年 5 月 9 日，当选为中华文化促进会副主席。
- 2015 年 6 月 18 日，任中国音乐家协会第八届顾问。
- 从小喜爱摄影，50 多年来一直热心摄影活动，曾在“四五运动”中拍摄了大量珍贵的历史画面。其中《让我们的血流在一起》获中国文联、中国摄影家协会共同颁发的“四五运动”优秀摄影作品一等奖和中国摄影家协会颁发的“庆祝建国四十周年摄影艺术展览”优秀作品奖，入选“二十世纪华人摄影经典”。还有许多优秀的摄影作品发表、参展和获奖。他还是四月影会、“自然·社会·人”艺术摄影展、“中国现代摄影沙龙”等著名摄影团体及影展的发起人和组织者之一。

让我们的血流在一起 1976 年 王立平摄

讲评：

王立平是我们这本书里最特殊的一名访谈对象，看了他的简历之后可能多数读者的第一感觉是：哇，原来这么多有名的曲子都是他写得呀（《潜海姑娘》、《鸽子》、《海港之歌》、《戴手铐的旅客》、《少林寺》、《哈尔滨的夏天》、《红楼梦》）。接下来大家就会想，为什么在摄影界没听说过他呢？我觉得正因为他的特殊性，会给读者带来非同一般的启迪，尤其是对摄影、摄影人与社会的关系的思考。表面上看，王立平的主要成就肯定是在作曲上，但他在一个特定历史时期，和一群有热情有觉悟的青年人，通过摄影这一艺术形式和语言，通过四月影会，喊出了时代的声音，可以说他们那时的所作所为对社会的影响是深远的。他在那个短暂的时期，恰如其分地发挥了他的领头作用，使得这个事件成为中国摄影史上最光辉灿烂的一笔。如何策划影展，如何应对当时的政治压力，包括后来做出解散影会这样重大的决定，都反映出了他敏锐的洞察力和成熟的思想。王立平是一位非常重要的历史见证人，他虽然潜心作曲事业，但对社会和人的关注使得他自然而然地成了那一代摄影者的良师益友，也成为摄影史上一定会谈起的一个人。

王立平访谈

在一潭死水的中国摄影界扔一块小石头

宋　靖： 王老师，您是知名的作曲家，但在摄影界可能知道您的人并不多。

王立平： 我先给你们讲个小故事。我跟韩小磊（1964 年从北京电影学院导演系毕业后留校任教）很熟，有一天他突然到我家，进门后跟以前完全不一样，就跟傻了似的。

宋　靖： 愣住了？

王立平： 我问他："怎么了？"他说："怎么是你？"我说："怎么是我？"原来他想拍一部关于"四五摄影"的影片，就采访了很多摄影人。他说人家让他来找王立平，没想到原来就是我。他就觉得我是作曲家，我们过去谈论的都是曲子的事儿，没想到作曲的王立平跟别人说的王立平原来是一个人。

宋　靖： 原来我也有这种感觉。

王立平： 他问我："你搞摄影吗？"我说是啊，他半天才缓过神儿来。我跟摄影，很多人觉得是不相干的事儿。其实我现在还在看关于摄影的、四月影会的，摄影大师的书，补课。四月影会的事情已经过去很久了，但很多细节人们并不清楚，似乎知情者也不愿意谈。其实四月影会的主要核心、参与者、发起人是王志平、李晓斌，或者范围再大一点还有我，我们三个人是在我新影的琴房里定的搞这次展览。

那时候拍摄了"四五运动"的这些人在一起做了两件事儿。一是拍了很多当时天安门的照片，另外后来罗晓韵、吴鹏他们一起编了一本《人民的悼念》，这个大部分人都知道。我没有参加《人民的悼念》的编辑工作，但你看《人民的悼念》里面提供摄影作品的一大堆人里面，头一个是王志平，第二个就是我。

这以后，大家就想还应该搞点什么事儿。后来王志平和李晓斌就到我在新影厂的那个琴房商量。当时商量了半天，我们觉得如果是按照工、农、兵这三大块，把反映社会前进步伐的作品像新华社拍的照片那样搞一个影展，意思不大，新华社拍的画面非常严谨，构图也很匀称，题材都稳稳当当，像农民抱稻子什么的，新华社拍的比我们还好。当时说来说去，感觉在那个社会开始变动的时候，一些年轻人都感到心里有话要说。为什么有话要说？我就以我自己的例子来讲，不满足于新华社的这种摄影，甚至有点儿反感，认为他们造作、不自然，说的都不是老百姓心里想说的话。其实，我们的生活在镜头中应该是非常鲜活的，摄影应该反映老百姓真实生活的方方面面，应该反映老百姓感情的方方面面，也应该反映老百姓对这个社会看法的方方面面。所以就觉得这种摄影不是我们所要的摄影，就动了念头（另起炉灶）。

那时候还有一个好的条件，“四五运动”我们拍了很多照片，而且我们都得了奖，我得的是一等奖，王志平得二等奖，李晓斌得三等奖，罗晓韵也是一等奖，就觉得这些人很棒。所以在这个时候，在人们对我们很肯定的时候，就觉得能不能借机说点话，表达一下我们用相机观察生活的观点、看法，觉得如果有机会，我们可以把我们的作品拿出来。要说自信，并不自信；要说企图，不能说有什么大的企图，就是一种愿望、一种表达。其实这个时候我才明白，于我而言，作曲、作词、摄影可能表现的方式不同，但表达的愿望和方向是一致的，其实是一件事儿。所以那个时候就定下来，准备搞一次影展。

宋　靖：这个影展叫什么名字？

王立平：这个影展的名字是王志平起的，“自然·社会·人”，我非常赞成，而且迄今为止我觉得四月影会提出来我们的目标是“自然·社会·人”，是非常重要的，现在依然是我们应该关注的。后来我从政了以后，有人说：“我们知道你曲子写得很好，没想到你给我们参政议政也讲得很好。”还有人问我：“如果让你再选择一次……”我说：“如果再选择一次，我不会选择从政，我会选择作曲。”有人又问了一个问题：“那你觉得从政跟搞艺术，有什么相同？有什么不同？”我说：“不同的是，从政就是开会，处理文件，参政议政；相同的是，我觉得作为艺术家、社会活动家或者是从政人，关注的都应该是自然、社会、人，都是一样的。”

我想，在当时提出“自然·社会·人”很有意义，因为当时中国摄影是“四人帮”把持的一个重灾区，大家都反感，所以我们跟王志平曾经在一个小范围内说，我们就是在中国摄影界这一滩死水里，扔几块不大不小的石头，掀起不大不小的波澜。我想这就是当时青年人心中那种萌动的初衷和愿望。

宋 靖：如果让您总结一下四月影会举办的三次展览都做了哪些事，您怎么评价？

王立平：总体来说，这三次展览就是用我们的摄影作品，用我们的展览，表达了中国摄影可以不是那个样子，可以是另外的样子。

我记得有很多照片都反映了生活中的乐趣，比如一个老头卖报，一个戴眼镜的老头读报的《读卖新闻》，以及下雨天，父亲背着母亲，母亲背着孩子的《瞧这一家子》，所以我就觉得从生活中发现美，老百姓是会看到的。另外，我们还给照片加了很多小诗，有些蛮有意思的，比如李江树的《画家石鲁》配的小诗是“总算活过来了黑的画家，白了一头青丝，掉了一口白牙”，其实这就是对“四人帮”的一种非常深刻的、极有力量的批判。所以当时在展出的时候，我们决定不在文化馆办，不想去接受所谓的审查，不想用那样的标准再重新裁剪我们的作品，所以我们想自己办。

宋 靖：当时办展有困难吗？

王立平：当时也是困难重重，我们想自己洗照片，还第一次洗了点彩色照片，洗得也不是特别好，但是很贵。展出的地方，我们最后决定联系中山公园的展室，但谈来谈去，对方要求先交钱。可是我们当时没钱，就有点“四五运动”照片的稿费，也就几百块钱，我和王志平算比较多的，我们就把我们俩的稿费单子拿去给中山公园。当时我们谈判的条件是这样的，进中山公园的门，同时可以进这个展室的门要交 3 分钱的门票，这 3 分钱我们跟公园各收 50%，就是说每来一个买票看我们展览的人，我们可以得 1 分 5。展室虽然只有 100 多平方米，但一天的租金是 15 元。我们差不多有一二百张照片，我们想每天要有 1000 人，我们就可以打平手。但是人家说必须得先交钱，后来我把我的存折也给了王志平，存折里大概有几百块钱。当时大家不好意思收，觉得如果最后差钱的话，我们俩还得补，但我跟王志平并没打算要这个钱。另外当时镜框是借的，照片是大家自己洗的。结果没想到，展览一开幕人多的不得了，100 多平方米的展室都挤不下。特别是到星期六、星期日，有的人进去一会儿就喘不上来气了，便出来喘口气，再买张票进去，就这样来来回回买好几张票。我们那时候很多人在那守着展览，回答问题。我记得有人一次买了二三十张票，表示对我们的支持。我们一共展了大概半个月，到最后结算下来还略有结余。通过这次展览，很多以前不认识的人相互认识了，大家互相帮忙，结交了很多新朋友。

宋　靖： 当时你们的这个松散组织叫四月影会，就是因为展览是在 4 月办的吗？

王立平： 当时是确定了“自然・社会・人”这个展览的名字，而组织叫什么名字，我们确实讨论了半天。后来我说我提个建议，叫“四月影会”，为什么？一个原因是我们都相会在四月，于天安门“四五运动”结缘，我们这个展览又是 4 月 5 日开幕的；另外，四月代表着春天，乍暖还寒，我说我们这一代人既迎接着春天的希望，又背负着历史的重任。大家都认可了。

当时有一个想法，不要展览获奖的“四五运动”的照片，大家也几乎一致说“一张不要，好汉不提当年勇”。也就是说，要在新的领域，开拓新的战场，不提过去。因为大家总觉得过去的事儿已经做了，它已经是事实了，想起来很安慰就够了。所以后来有人提出要重新成立四月影会什么的，大多数人都不同意，因为总觉得，那是自己该做的事儿，做完了就该过去了，所以大家现在不太说起这个。

宋　靖： 那么四月影会为什么又引起这么多人的关注？

王立平： 我看跟当时它出现的时期有关系，现在回过头来看，这也是文化艺术界对改革开放最直接的反应。当时我记得摄影界的一位老人说了一个词“报春花”，有很多人这样想，他们感到了一种新的气息，看到了一种新的希望，感觉这是一种新生的力量，所以很多人意识到这一点。但是当时作为身处其中的我们来说，对此远远没有认识。我本来是玩摄影的，从小搞摄影，喜欢摄影，因为在我们这批人里面我年纪是比较大的，我突然觉得我有责任思考一些问题，因为这事儿已经闹得挺大的了，不能把它弄坏了，所以当时我们有几个想法：一是不要掺入到激进的思潮里。当时有西单民主墙，还有一些激进的活动。我年龄比较大，大家对我还挺好，我说不许做什么大家就不做什么；二是面对坏话不能乱剑齐发，要有针对地反击。那时候确实有很多人看不惯我们，其中也包括一些摄影界的名家。我记得当时我说，有些老同志不是恶意，他们只是看不惯，如果都看得惯，咱们的作品也就没意思了，所以一定会有看不惯的，慢慢让他们习惯了就好了。事实就是这样，别人说什么我们都听着，但有些明显感觉是恶意的，我们也会奋起反抗，有针对性地反击。

对生活的看法、对艺术的理解、对摄影的诠释

宋　靖： 当时“文革”结束不久，各方面考虑问题的角度还是会不同。

王立平： 你仔细看《永远的四月》那本书，当时是针对四月影会，新华社和《人民日报》的态度是截然相反的。《人民日报》在我们展出以后，写了一篇不长的文章，说“四五运动”的年轻人那时候不顾危险拍了很多珍贵的历史文献，现在他们又拿出相机在新的领域踏上新的征程，让人耳目一新，是百分之百肯定的。而新华社写了个内参，说四月影会是背离了社会主义方向的，是百分之百否定的，当时在社会上形成了这样一种局面。

但是我觉得重要的是，这次展览在文化界、艺术界青年中引起了很大的震动，原来摄影还可以这样来做。所以四月影会展览展出以后，几乎也就是半年之内，全国各地成立了很多这样的影会，像四川、山东等地。我记得 1983 年到江西庐山，本来是开音乐方面的一个会，结果到那儿以后，当地摄协的主席把我请过去，他们提了一上午的问题，讲了一上午关于四月影会的事儿。后来“自然·社会·人”到各地展出，也在当地年轻人中引起了很大的震动。所以我觉得重要的是，“自然·社会·人”影展在全国社会引起了很大的反响，带动了一批年轻摄影人开始不按照原来的新华社风格来表达自己对生活的看法、对艺术的理解和对摄影进行一种全新的诠释，我觉得这是四月影会的意义所在。

宋　靖： *那后来为什么展览停了呢？*

王立平： 至于为什么停掉，因为我觉得我们当时并没有想好。

宋　靖： *没想好往哪里走？*

王立平： 摄影可以不是那个样，但该是什么样？不知道，而且没有想好。我们办展第一次是在中山公园，第二次是在北海，第三次进了中国美术馆。应该讲，美术馆那次规模空前。那时候又加了一些“四五运动”的照片，但是反映没有第一次、第二次强烈。第一次是最强烈的，第二次还可以，第三次，有人说不错，也有人觉得没有什么新招。我觉得大家对新生摄影的一种新开始寄予了很高的期望，但是思想上又准备不足，艺术的磨炼也不够，所以在对生活的把握上，在继续的创新、创造上，还显得比较乏力。

另外，那时四月影会内部也出现了一些问题，有团结的问题、看法的问题。所以那时我的中心思想就是不希望将来的人把四月影会一分为二。记得我当时说了一句话：“四月影会，谁也打不倒，只有我们自己可以把自己打倒，比如我们的思想跟不上，我们的艺术跟不上，再加上一些其他的问题。”我希望四月影会在最辉煌的时候就结束，将来我们有认识了，可以重新开始。我觉得四月影会开头开得特别好，就让它成为一个永远的四月。1999 年，中国摄影家协会举办了一场四月影会 20 周年纪念活动，给我们做了一个大蛋糕，把我请去了，等于我那次是主持人，我非常感激。

我记得在“自然·社会·人”第二次展的时候，突然有人告诉我说，我的一张片子《北海、中海、南海》引起了争论。那张片子拍的是北海大桥，原来那都是开放的，后来加了个栏杆，我觉得特别隔眼，就拍了下来，画面中还有一名武装的解放军在那儿走。这张照片当时在摄影界引起了争论，有人说这是一张很坏的照片，在挑拨人民和党之间的关系；有人说这是一张很好的照片，因为它反映了这个时代的一种真实情况。还有一幅《鸡窝》也有争议。我拍了一组，那一带真是贫民窟，但住的都是大科学家、后来的院士，有人说我是在挑拨什么，有人就说很好。反正我这些照片当时都登在中国摄影家协会《大众摄影》杂志的“争鸣”栏目里。

宋　靖：那个时候人们考虑问题的角度不一样。

王立平：当时我就针对人们考虑问题角度的不同写了篇文章，我那时候也是不务正业，不搞作曲。我就说如果能鼓劲那很好，但是指出有哪些问题，也很好。我记得那时候直接的原因是为了李京红的《别忘了孩子》那张照片写的，就是一帮小孩在厕所里偷着抽烟那张。那是摆拍的，肯定有人说不雅，可是我觉得它作为艺术形式，就像宣传画一样，能够引起人们对儿童的关注。

宋　靖：这确实是特别大的一个问题。

王立平：“摄影可不可以批评？”我当时在文章中第一次提出来，也可以批评。所以我觉得当时四月影会在思想建设方面开了头，有所思考，但并不是很成熟。在办了三次展览以后，我真是觉得再办下去太乏力，应该在它最辉煌的时候结束。果然，现在对四月影会没有批评，就是因为及时收刹。后来有人说怎么就收场了？其实就是因为这个。我觉得我们在艺术、生活、思想、理论、实践上没有跟上，我觉得它起不到一个鲜活的作用，所以这个时候最好的做法就是收场，让四月影会成为一面不白的旗帜。

宋　靖：现在确实有这种感觉。

王立平：所以四月影会就存在了短短的三年，准确说是两年多的时间，因为我们筹备也差不多用了半年。你想，1979 年、1980 年、1981 年，就是这三次展览，你说真正出了什么惊天动地的作品？我觉得它不是以作品取胜，而是对摄影的理解发挥了作用，不是在于哪一幅作品。当然也有好作品，但是说因为哪一幅作品起到什么作用，没有。四月影会不是以单幅作品或者某个人取胜，它是整个新的观念，是人们对摄影的要求、希望、理解有了新的认识。虽然当时业界有不少抵触的声音，但事实上我们确实团结了很多人，后来很多人不但成了朋友，还成了第二次、第三次展览的参与者。另外我们当时不是严密的组织，谁愿意来参加就来。所以像钟阿城第一次就参加了，王文澜、王文波兄弟参加了第二次的展览，张艺谋也是第二次就参加了，那时候还问行不行。这就说明了一个问题，四月影会团结了很多当时的文艺青年。因为在这儿他们找到了一种共鸣，就是对艺术突破的一种强烈愿望跟表达，要走上来表现自己的一种意识。

所以我觉得四月影会既是摄影界的事儿，其实也是文化界的事儿，人们现在研究四月影会，也不是研究四月影会哪一幅作品如何如何，而是把它当作一种现象研究。其实中国的改革开放也是如此，这是一种历史的必然。在那时候，天时地利人和促成了中国改革开放的实现，我觉得在艺术领域，摄影界应该是走在前面的。所以我赞成后来龙熹祖写的“社会主义的报春花”的评价，是改革开放的报春花。所以蒋齐生虽然一开始也看不惯，但他后来给我写信也说：“不能低估了四月影会在中国摄影发展史上的作用。”其实很多摄影界的老人后来都这么说，都说中国摄影的发展绕不开“四五摄影”，绕不开四月影会，所以我说不能低估了它的作用。但是我也不想过高地评价它，它就是在那个历史阶段起到了一种推动的或者说是振聋发聩的作用。我觉得那个时候包括小说、音乐、摄影、美术（美术当时有“百花画绘”、“星星画展”）都是一样的，这是一段不能回避的历史，也是很珍贵的历史。作为从事艺术的人来说，了解这个阶段，对认识整个中国文化历史有好处。

宋　靖：一般人都觉得四月影会展览的作品，有一部分可能就是“四五运动”时拍的。实际上今天您讲完以后，我们有一种很清晰的感觉，就是做四月影会的这帮人是“四五运动”拍摄的主力军。因为那件事之后，他们认为中国的摄影应该有另外一个方向，就开始提出“自然·社会·人”这样一个主题的概念，这个概念涵盖了宇宙之间应该表达的内容。四月影会的这帮人等于是自发地来做的，像李英杰是工人，李晓斌是历史博物馆的馆员，您是作曲家，等等。

王立平：罗晓韵是织袜厂的。

宋　靖：对，罗晓韵、王苗等，主要的几个人都是在不同的工作岗位上，一个跟摄影有关系的都没有，都是最普通的工作岗位，表现出了他们自觉地对文化的一种追寻，还有对自身责任的挖掘，对社会的一种表达。

王立平： 还是那句话“好汉不提当年勇”。当时我们要借着“四五摄影”给我们的机会办影展，人家肯定不好意思说你不能办，但别人也不会太当回事儿。实际到后来的“十年一瞬间”，也就是1986年，杨绍明大概展出了10张“四五摄影”的照片，我有两三张照片，在其他展览上我们从来没有展出过这些照片。

不过说起“四五摄影”，我稍微说几句，其实当时互相认识的人不多，大概只有吴鹏跟高强认识，其他我们相互都不认识。后来在编《人民的悼念》和搞四月影会的时候大家才聚在一起。一开始我跟他们毫无关系，那时候我在新影厂，最知道当时的气氛。

在历史的节点上抓住机遇

宋　靖： 对，纪录片都是新影厂拍的。

王立平： 当时“四人帮”控制着新影厂，控制得特别严，都不许职工到社会上去，就是每天在那儿学习，我是借着说我要去海南出差才出来的。我们出差前三天可以准备出差的东西，包括准备摄影机、录音机什么的，我跟他们一样，也有三天准备时间，就这三天时间我每天在天安门拍。其实，我跟他们还不太一样，我非常明了这里头复杂斗争的关系，所以我拍的那张《报国》，就是有几个拳头，有的人连脑袋都没有拍上，就是一排拳头。像这么一张照片，打个“反革命”都可以，所以我们心里比较清楚。我当时拍的写血书的《让我们的血流在一起》，那也真是，不能说完全没有危险，为什么？因为当时两头怕，怕群众，又怕公安。所以我们当时都是平平常常打扮，都是一声不吭，背个烂书包，拿个相机，都是一样，而且都觉得这是大事儿，冒风险也要拍下来。

宋　靖： 当时搞“四五摄影”的这些人还是很有敏感意识的。

王立平： 是的。现在不少画册或者教材用到“四五摄影”的照片，所以我觉得自己不小心、无意间参与了这个事件，回忆起来还是很安慰，但我想它是一件很大的事儿，但也不是多了不起的事儿，过去就过去了，所以现在我们很少再提那个事儿。我觉得就是应该历史地来看，我觉得一个人能在历史的节点上，表达自己的愿望，而且还能做件事儿，真是应该感谢历史给的这种机遇，我的看法就是这样的。

宋　靖：您讲得非常好，而且很谦虚。一个人的一生可能只能做一件事儿，但是这件事儿放在历史的长河里，有没有意义，有没有价值，需要研究和探讨。我觉得您刚才讲到的四月影会从开始的成长到辉煌时候的收手，把它永远定在摄影史的珍贵位置上，这是非常了不起的事儿。而且也许，不是每天都有这样的机会，在一个人的一生中可能都会遇到这样的机会，可是做没做，这也是很关键的。

王立平：另外，有人提到"四月精神"，我赞成。我很欣赏中国摄影家协会在 1999 年举办的四月影会 20 周年纪念活动的标题，《中国摄影报》上刊登了四大版还是五大版，总标题就是"永远的四月"。永远是什么？还是指四月的一种精神，四月的精神要从四月谈起。当初在"四五运动"中表现出了忘我的精神、奉献的精神、不追求个人名利的精神、对历史负责的有担当的精神。谁都知道有危险，如果害怕，就别去，吴鹏他们甚至都做好了被抓的准备，我们也都是。会不会感到紧张？实际上还是有一定的（紧张），所以刚才我讲的，这是一种忘我的精神，是四月的精神之一。其次，在办这个影会的过程中，我觉得大家不计较你得多少，不计较你上我下，不计较你先我后，因为这是我们共同做的一件事儿，就要把这件事儿做好，这是一种群体的意识，也是一种四月的精神。另外，四月的精神还有一个就是比较顽强，比较坚定，比较执着，要做一件事儿就一定做成，就是要钻这块石头，就下定决心一定要钻。所以我们在做很多事的时候，能够团结那么多老摄影家，一起努力去做。我们后来在 1983 年又搞了个"中国现代摄影沙龙"，这个名字也是我起的。那时候经过两三年，大家又有些进步，开始探索中国摄影该是什么样子，那时候流派也出来了，这是大家不断努力的结果。所以我想，总结这些对后来人、对孩子们把摄影作为一个事业去追求还是有帮助的，对摄影有一个清晰的认识，还有一个认清摄影家的品格跟社会担当的问题。

其实，一个艺术家始终站在时代的前列，思考社会的问题，而且能够在社会的变革中站在社会的前沿，这就永远是一个成熟的艺术家，也是真正艺术家所应该具备的一种历史担当的态度。四月影会也是一样，我觉得不要光看四月影会的展览，要从"四五摄影"看起，这些人有共同的东西，才能有四月影会。

宋　靖：因为这个群体是非常独立的，所以一般我们讲的时候，都会从"四五运动"一直讲到四月影会，这一块是比较完整的。

王立平：我觉得咱们讲"四五运动"，讲这支队伍的形成，他们的根是从这儿起来的。后面四月影会体现了"四五摄影"的一种精神在里面，这么说是对的。

宋　靖：对，最后应该达到这样的高度，它有一种精神支撑。要不然怎么把大家凝聚在一起呢？肯定是有一种精神，这些人共同的精神。

王立平：举个例子，审片子，搞大民主，不可能。所以当时我说四月影会不搞大民主，不愿意参加的可以到别处去；愿意参加的，意见实际上最后都集中在王志平一个人身上，他代表我们的意思，这个行，那个不行，就是他说了算。在当时那种情况下，如果大家七嘴八舌投票，肯定是不清楚的。我觉得当时王志平的艺术追求也是比较极端的，用他的话说，就是按照艺术的归类来研究艺术的问题，所以我觉得在当时也是比较清楚的。

宋　靖：那个时候，不管是社会观还是艺术观，都已经很成熟了。好像提到王志平的人还真是没有，就是您今天提到的特别多。

王立平：他是这样的，因为他后来早早撤出了，到法国去了，但当时在四月影会还是比较主要的人物，我主要是辅佐他。

宋　靖：他现在还在法国？

王立平：在法国。

宋　靖：那怪不得，就您今天提到了他，还真没有其他人提到他。

王立平：历史就是历史，罗小韵、李晓斌、王志平都是比较主要的人物。金伯宏参加了 2009 年那次 30 周年纪念影展，但当时四月影会成立的时候，他不是主要的发起者。

宋　靖：这一段谈得非常完整，非常好。另外我想请您讲讲您从小到现在，哪些观念、步骤、机遇把握印象比较深刻？

王立平：就摄影来说，我还算正规学了几天。1954 年我作为中国少先队代表去匈牙利参加国际夏令营，那个代表团的成员是从 10 座城市中选择的 10 个孩子，经过莫斯科到匈牙利。夏令营有各个组，包括飞机模型组、刺绣组、无线电组。我就盯住了摄影组，我当时还带着老师的相机，结果也没有用上，就是学了一些基本的理论，另外还拍了点照片，虽然很初步，但是激发了我极大的兴趣，从此我就再没离开过摄影。同年我回来就考上了音乐学院的少年班，一直做班上的业余摄影师。这么多年，班上的、小时候的照片都是我拍的，并且是我洗的，我印的，也是我放的，到大学依然在做。就一直这么做下来，但是真正混到摄影界，是到了“四五运动”的时候，我就觉得这是一个很大的事儿，我就想把它拍下来，所以我就每天拿相机去拍。我其实拍的不多，一共拍了大概68张底片。当时有一些特别好的镜头，比如在五四纪念碑，以碑为背景，这边是真人的讲演，多好的画面，可是天已经黑了，我用 Zenit（泽尼特）原型机根本拍不下来，我不能为这一张照片把整个胶片都给洗黑了，所以当时也受很多限制。除了不能用的以外，大概有60张底片，发表了30张，画报上用了30张，电影、新闻纪录片里用了大概48张。所以就是这么个机会，不小心让我进了摄影界。

宋　靖：只有有了您那会儿的个人状态，才可能特别有效地去记录。当时，新影厂的纪录片导演，还有新华社的，都没怎么去拍吧？

王立平：对，不让他们去，他们也不去。像我们这些人，不让去，我就说我要出差了，就去了。而且，那时候特怕家里来收缴底片的。我们那儿一个领导，支部书记，一个老太太，现在已经去世了，我从海南回来，她问我：“天安门那去没去？”“去了。”“拍照片了吗？”“拍了。”“有没有人看见你正在拍照片？”“那倒不一定。”“那你就咬死了说没拍。”后来在民族宫开“总理为人民 人民爱总理”专题展授奖大会的时候，我作为获奖代表讲话，就提到了这位书记，我还提到了现场帮助我拍照的一个导演。就是他在我没有角度拍那张《让我们的血流在一起》时，两手揪着我的后腰带，帮我提着这样站着，等待一个最好的角度，而且老爷子本身是有心脏病的。所以我当时说，在这个过程中，虽然是我们拍了照片，但是不能记在个人名下，这是大家共同留下的一份历史的遗产。

摄影是我一生的业余爱好，也是一生的情结

宋　靖：这是历史应该记载的。

王立平：所以我觉得，摄影对我一生来说是业余的事儿，但是这个情结系了一辈子。

宋　靖：您有那么多大作品，我们都知道。但是在音乐界，好像没有一次像“四五摄影”和四月影会这样的文化变革的文化启蒙的东西。

王立平：其实写《太阳岛上》这样的歌，和做像《潜海姑娘》这样的作品，干的是跟四

月影会一样的事儿。

宋　靖：对，电子音乐就是从那儿开始的。我那时候特别小，在开封，那个城市很有文化底蕴，基本上每周都有文艺表演什么的，就老有人唱《太阳岛上》，还有人用电子琴演奏《潜海姑娘》，我觉得特别好。

王立平：所以从我来讲，也证明四月影会不光是摄影界的四月影会，它还是文艺界的。音乐界有（四月精神），文艺界有（四月精神），但是后来都没有成气候。在摄影界，我觉得四月影会是最突出的。当时美术界有“百花画会”，还有“星星画展”，它们也有一定的四月精神，但是我觉得它们实际有点偏颇。

宋　靖：您是一名音乐家，应该说是我们访谈的诸位摄影家当中一个典型的艺术圈的艺术家。因为实际上我觉得对于学摄影的同学来讲，可能一直会徘徊在搞摄影还是搞艺术的思考当中，因为摄影这个东西，我觉得还是比较特殊的，它并不完全跟其他艺术的特质相同。您刚才也提到了，就是有人向您提问，比如说从政和搞音乐的异同，您回答关注社会这是相同的地方。那您能不能谈一谈摄影跟艺术的关系？

王立平：过去曾经有一种看法，说摄影界是最没有文化的领域。错了！曾经有那么一段时期，它的文化根基确实是比较差，这就得说到中国的摄影史。中国到八几年才有人民大学的摄影班，那是第一次办班，以前从来没有这个专业。虽然有了摄影系，但是摄影作为艺术从来没有过地位。另外，中国的摄影是从新闻摄影开始的，是从战士搞宣传拿相机拍开始的，比如沙飞这些人。其实摄影也是一门艺术，只不过不像音乐，从多少年前中国就开始有专门的音乐教育，绘画也是如此。摄影是一门比较年轻的艺术，所以这是历史上的缺陷。但是摄影就是艺术，怎么不是艺术？实际上，谁拿相机都拍，你说是不是艺术？拍出来也可能是艺术，但也许不是艺术。但是我觉得对于从事专业的人来说，必须把它当成一门艺术来对待，怎么当艺术对待？要研究它的历史，要研究触类旁通的各种艺术。这就像我这样搞音乐的人，要懂文学，要懂绘画，要懂摄影。中国的摄影多少年来都是靠业余摄影干起来的。所以要想真正让中国的摄影走入艺术的殿堂，就得有一大批有志向、有决心、有修养、有钻研精神的人把它作为艺术来研究，而且进行引领。

记录时代，实事求是，现场抓拍

翁乃强

著名摄影家
中央美术学院教授

- 1936 年生于印度尼西亚雅加达一个爱国华侨家庭，父亲翁福林曾开过照相馆、广告公司、电影公司。
- 1948 年开始向侨报《生活报》摄影记者周昌平学习摄影，并酷爱美术。
- 1951 年 7 月回到中国。
- 1951—1953 年在北京育英中学读初中（今北京第 25 中学）。
- 1954—1958 年在中央美术学院附中就读。
- 1958—1963 年在中央美术学院油画系吴作人工作室学习，师承艾中信、韦启美、林岗、詹建俊、李苦禅等大家。
- 1964—1990 年在《人民中国》日文版杂志社工作，先后从事美术编辑、摄影记者工作，曾担任图片部主任、编委、总编助理，其间得到康大川、田家农、车慕奇、黄祥坤、安淑渠等同志的指导和帮助，发表了大量的摄影作品、插画，出版了很多摄影、美术画册，多次参加全国人民代表大会及中国人民政治协商会议的采访工作。
- 1980 年先后加入中国美术家协会、中国摄影家协会。
- 1985 年加入中国共产党。
- 1986 年作为创会会员加入了中国华侨摄影学会，任副会长、荣誉高级会士。
- 1988 年获香港国际幻影会荣誉高级会士。
- 1990 年调中央美术学院版画系筹建摄影工作室，任副教授。
- 1993 年评为教授。
- 1996 年作为创会会员加入世界华人摄影学会，任会员资格评审委员会委员。

开赴新的在建知青点 1968 年 翁乃强摄

讲评：

作为摄影家，翁乃强的成功和他特殊的经历分不开。一方面，他身为华侨，在幼年时那个动乱的年代，有机会从外部世界的角度来看待我们国家所处的复杂背景；另一方面，他又有机会接触到文艺界、新闻界的知名人士，得到美术与摄影方面的良好熏陶，这些促成了他摄影创作中个人立场的形成和对作品表达方式的选择。回国之后，他做着那个时代大多数青年人想做和该做的事情。在这一过程中，他一边苦练技术，一边像大多数被时代裹挟的人那样慢慢地通过思考，转变认识。当然，他得以进入一个相对宽松的媒体，也是幸运的。但归根结底，是他的勤勉与修养使他抓住了机会，走到了历史舞台的前面。

翁乃强访谈

华侨社团、进步人士，还有我父亲对我的影响很大，就是对祖国的认识

1955 年翁乃强与义父——画家李曼峰在北京留影

宋　靖：您是印尼华侨，是中华人民共和国成立以后招留学生您才回来的么？

翁乃强：我是 1936 年 7 月 1 日在雅加达出生的。我还有两个哥哥、两个弟弟和两个妹妹，家里人挺多的。但我上的是中文学校，那个时候上幼儿园学的都是中文，华侨社会里面都办这种中文学校。我父亲原来是跟他的哥哥一起从国内到印尼当学徒工，在一个杂货店当职员，负责卖米、卖盐。他喜欢画画，喜欢美术，业余时间去学画，跟我母亲结婚以后就到了雅加达，还是给人家打工。后来自己买了一台相机，人家照相馆不干了，他就给盘下来了，开始自己搞照相馆。另外他会画铜芯版画，就给人家画插图，后来就自己搞了一个广告公司。不久他又认识了一个很著名的华人画家叫李曼峰，在印尼很有名，后来当了苏加诺总统的画师。我生下来后，李曼峰就当了我的义父。我们家就这样在那里搞广告公司，搞画画，我从小就接触这些。

我父亲是比较爱国的。“七七事变”爆发后，华侨就给中国捐款抗日，他也参加了这些活动，后来日本南侵的时候他就被抓到集中营里面，被拷打、判刑。这件事对我的影响挺大的。当时我们家整个被没收查封了，我有一张小照片，记录了日本人进来的时候给我们家贴了封条，背景的汽车上面写着“大日本军接收”。然后我们被赶出家，父亲被关起来了。日本投降以后，我父亲就跟一些进步人士搞了一个华侨社团、进步社团——民生社，就在我们家里，还策划一些进步活动，并办了一份华侨的报纸《生活报》，也在我们家里弄。所以说我父亲对我的影响很大，就是对祖国的认识，爱国。他说，我们国家不强大，被人家欺负，你们长大以后一定要把国家建设好。

1949 年中华人民共和国成立以后，我看了一部纪录片《新中国的诞生》，记录了毛主席在天安门宣布中华人民共和国成立，中国人民站起来啦。这个片子挺鼓舞我们的，小时候我们看这个片子就想着回国，我大哥 1949 年就回国了，二哥是 1950 年回国，我 1951 年小学毕业后回国，父亲也同意把我送回来。回来的路上我是一个人，在船上还经历了一个活动，那时候要抗美援朝了，船上那些爱国青年都来募捐抗美。我就把自己带的药啊、首饰啊都捐给国家来抗美援朝。大家都知道那时候我们国家很困难，刚刚解放，国民党离开大陆时，把大陆的好多财宝都弄到台湾去了，好多工厂关门，机器被破坏。总之，那会儿刚刚解放的中国是处于困难时期，抗美援朝我们又面临强大的美国武装，而且它是以联合国的名义，那对我们共和国来说是一个很大的压力，这些都教育我们要爱国。

1934 年在巴达维亚（雅加达）南岛广告公司门前。左起依次为李曼峰、蔡马骏、肖玉梅（翁母）、翁福林（翁父）、司徒赞

1944 年日本南侵，翁乃强家被日军侵占。为牢记此事，翁乃强父亲翁福林为家里的孩子们在日本军接收的封条前留影

宋　靖：回到北京后，您是继续上学吗？

翁乃强：回北京后我上的是育英中学，就是现在的二十五中。上学时候还是挺苦的，在学校里面都是吃学生食堂，大桶的饭，一天就一点儿菜，大家每天都吃咸菜、萝卜疙瘩菜什么的，可是大家精神还是挺好的。那个时候每天一上课先听广播，广播里讲的都是一些关于抗美援朝前线的事儿，然后讲我们国家的事儿，反正是受到了这方面的教育。先听广播，才开始上课。那个时候学习比较认真，因为脑子里面就是一个想法，就是回国了我们要好好学习，长大以后要为国家服务。那时候我挺积极的，要求加入少先队，后来又加入了共青团。

宋　靖：你们那会儿会说中文么？

翁乃强：会，在海外就学中国话，我在海外上的学校叫新华学校，是一所很爱国的进步学校。我在印尼学习的时候还学过新民主主义论。所以说那所学校也是给了我们很大的影响，包括对祖国的认识，等等。我在育英中学有位老师叫周学锦，是我们的辅导员，是位共产党员，他对我们华侨特别关心，生活等各方面都很照顾我们。那时候我刚回国，在海外习惯了舒适生活的我一来到学校特别不适应，里面什么也没有，过冬都要自己买棉衣、棉帽子、鞋子、袜子。那时候年龄小，老师就教我们如何买棉衣，教我们被子要怎么弄等，很关心我们。那个时候过集体生活，同学之间也互相帮助，后来我慢慢学会了生活自理，自己洗衣服，自己补袜子，被子脏了自己拆下来洗，洗好了以后又自己把它缝上。就这样慢慢学习，适应了这样的生活。

那个时候正抗美援朝，据说美国要搞细菌弹打中国，我们就搞爱国卫生运动应对。在学校里面我们把床板儿拿出来，用石灰抹上，或者用开水烫，就这样消灭苍蝇、蚊子、臭虫。

因为家庭环境的缘故，我从小就喜欢画画，喜欢美术。我的义父李曼峰是一位有名的画家，他是北欧画派的，画得很好，我经常看他画画。学校老师也知道我喜欢画画，就安排我们喜欢画画的几个同学在少先队的大壁报上画一些志愿军英雄像什么的，然后装饰好，老师就夸赞了我们。另外我还参加过少先队搞的美术比赛，得了一个铜奖。每年到了国庆节，我们就到天安门去受检阅，拿着航空模型，戴着红领巾，排着队路过天安门，让毛主席检阅，到了中间就摆弄航天模型往上飞，然后晚上就在天安门跳集体舞。总之就是过着一种集体生活，那个时候很充实。

后来初中毕业时，周学锦老师就建议我去学美术，他说你爸爸妈妈都不在北京，你还是考美院附中吧。其实我那时候还想当工人，当时国民二厂正在招工，当工人很光荣，我想报名去。结果他说你还是学美术。后来我就去考美院附中，一考还就考上了，我成为美院附中第二届学生，第一届是徐悲鸿先生最早建议搞的。

从立志用美术来为国家服务，到在人民中国杂志社用摄影来关注生活

宋　靖：附中跟美院是同年创办的吧？

翁乃强：不，比美院晚两三年。到附中后我就受到美术教育了。我当时想学美术，没想到变成搞摄影了。搞摄影是为什么呢？前面说很小的时候我父亲搞照相馆，搞广告公司，所以我从小就接触这些。另外我们进步侨社办的《生活报》就在我家里，报社有个记者，叫周昌平，海南人，我父亲就跟他说："哎，周先生你教教我的孩子，他喜欢照相，喜欢画画。"他就教我照相，我十二三岁就开始学照相，还有冲片子、洗黑白片、印照片也都跟他学。所以那个时候在海外我很早就接触摄影了。当时上美院附中就想当画家，用美术来为国家服务。我们那时候老师也挺好的，高雅光老师、沈静深老师教我们基础课画素描，要求挺严格的。我们班同学都挺棒的，周思聪是个很著名的画家，徐旷是搞版画的，蒋铎在《人民日报》搞摄影，都是我们班同学。那时候大家学习都很认真，我们还要学文化课，物理、化学、代数都要学，所以美院附中学制是 4 年，附中毕业以后就考美院。

我受义父影响喜欢油画，所以就报考了美院油画系，吴作人工作室。后来考上美院，就在美院学了 5 年的油画。那个时候我们的老师有艾中信老师、韦启美老师、詹建俊老师、林岗老师，等等，还有国画系的李苦禅老师也教过我们，教国画大写意，所以说我们受到了很多好老师的教育和帮助。那个时候我就想着等以后画一些好的画，画一些能够反映我们国家时代的画。那个时候要反映现实主义，像董希文先生画的《开国大典》、艾中信老师画的《通往乌鲁木齐》、詹建俊老师画的《狼牙山五壮士》、罗工柳先生画的《地道战》，这些作品都对我们有很大的影响，我们就感觉真该向他们学习。这些老师对中国的美术都是有很大影响的，对我的影响也很大。我记得侯一民老师在前门搞创作，那时候我已经到《人民中国》杂志当记者了，我就到他那去拍照，他当时正在画《刘少奇与安源矿工》、《毛主席与安源矿工》这些画。所以说这些老师对我的影响很大，让我知道学美术要表现这个时代，表现我们国家的一些大事儿。那个时候我们经常下乡，毕业创作都下去（基层），我毕业创作就到海南岛兴隆华侨

农场去体验生活。当时到那个地方开荒，很艰苦，我受到这方面的教育就是要深入生活，要在生活里面发现一些创作的题材。后来毕业，我被分配到外文局的《人民中国》杂志当美编，搞一些美术设计。

宋　靖：侯一民先生这两幅画好像是被美术馆收藏了。

翁乃强：对啊。他讲过一点，就是要创作，要深入生活，要到生活里面去发现我们国家的一些东西。到现在他还坚持这个创作路线。

宋　靖：《人民中国》是本什么样的杂志呢？

翁乃强：当时我们国家刚刚解放，解放初期，跟好多国家都没有建交，没有外交关系，所以新中国的对外宣传要靠民间的交流和宣传，那时候《人民中国》就专门对日本进行宣传，对日本介绍新中国到底是什么样，让日本知道中国的情况，我就到了《人民中国》上班。现在这份杂志还在。

《人民中国》那时候是本很好的杂志，我们那有几个在摄影界比较有名的人，沈延太、鲁忠民，他们是我们美院毕业到《人民中国》的，还有刘世昭、金伯宏等，另外人大新闻系的肖绪珊老师还到我们那去，跟我们一块去采访。当时《人民中国》是一本很好的对外宣传的杂志，受到了周总理、陈毅、廖承志等同志的关心，还有日本的朋友、专家也来关心我们这本杂志。一开始杂志很简单，就是以文字为主，最多弄一点插图，放一些领导人接见外宾的照片，后来周总理说要改进。为了让日本读者喜闻乐见，要图文并茂，所以杂志增加了视觉形象的东西，包括美术、摄影各方面，以摄影为主，以摄影为手段来进行报道，因为这个形象的传播是很有影响的，是造型、形象的东西，你写了半天文章没有图像的话，人家没有身临其境的感觉，所以图片是很重要的，这是媒体宣传一个很重要的手段。你看现在的杂志都是图文并茂，有的图片跟文字的比重差不多了，有的甚至图片超过文字。1990 年我调到美院，就是为这个形象教育，我也跟他们说要特别重视摄影教学。解放初期，我们中国摄影很困难，我们很多老前辈，很多很优秀的纪实摄影家，比如沙飞、吴印咸，我都很钦佩他们，但现在的同学可能外国摄影家知道得多，其实我们中国也有很多优秀的摄影家。想想那个时候人家国外摄影记者条件多好，胶卷、相机什么的都不缺，可我们中国的老一辈摄影人是很困难的，我搞摄影的时候尚且要用自己的从国外带回来的相机进行拍摄，更何况吴老他们连用胶卷都很困难，都是人家从国外带回来拍电影的胶片，所以像沙飞他们拍照片，都是要克服很多困难。我很钦佩他们，他们为我们国家留下了很多历史的形象资料。我们要很好地继承他们的传统。

宋　靖：您是怎么开始从事摄影的？

翁乃强：我到《人民中国》以后，刚开始是当美编，后来我们有一个摄影组组长，叫黄祥坤，他是我的老师，给了我很多教育和帮助。他也是印尼华侨，原来是在新加坡的《南侨日报》当摄影记者，后来因为搞进步活动在新加坡待不下去了，就到了印尼，在《生活报》待过，后来就回国了，回国后就到《人民中国》当记者。后来他知道我跟周昌平学过，就说："翁乃强，你也拍一点照片吧。"我说："好吧，我试试看。"结果第一个采访就让我采访积水潭的一个麻醉医师，我就去采访了，拍了一组照片。

宋　靖：她为什么要被采访？有什么故事吗？

翁乃强：因为她工作很好，很有成绩，个人形象也好，各方面都挺好的。后来我拍的这组照片在《人民中国》一刊登，反响挺好。日本读者一看，原来中国的麻醉大夫是这么生活的，工作生活都是挺认真的。领导就说："翁乃强，你除了美编以外，侧重搞一些采访吧。"那时候《人民中国》刚刚改版，希望能够弄很多的画刊栏目，图文并茂。我那会儿拍过景德镇的拉坯、陶瓷，等等，当时就拍反映社会生活的片子。相对于其他杂志，那个时候我们杂志的条件还是好的，国家给我们创造条件进口彩色正片，那时是很贵的。我们拍了好多介绍中国的专题，中国可以报道的东西很多。沈延太拍长江，从长江源头一直拍到入海口，每一期连载；刘世昭拍运河，从运河的起点一直拍到北京，这一路都是骑车背着相机拍，也是连载。当时《人民中国》拍了很多好的题材，后来电视上拍的《话说长江》也是受到我们这个长江专题的启发，他们的编辑组还到我们《人民中国》来了解情况。

宋　靖："文革"期间您的摄影是否受到影响？

翁乃强：我是 1964 年到《人民中国》的，很快"文化大革命"就开始了，所以后来我拍了很多"文革"期间的照片。那时候因为受到老师的教育，我还看了好多照片。还有《人民中国》的领导也很关心我们，让我们很积极地投入工作，让我们自己找题目，所以说那个时候摄影就成了我平常最主要的生活，每天都想着有什么东西可以拍，什么东西可以采访。所以说"文革"的时候我拍了很多，从毛主席接见红卫兵开始拍，到以后

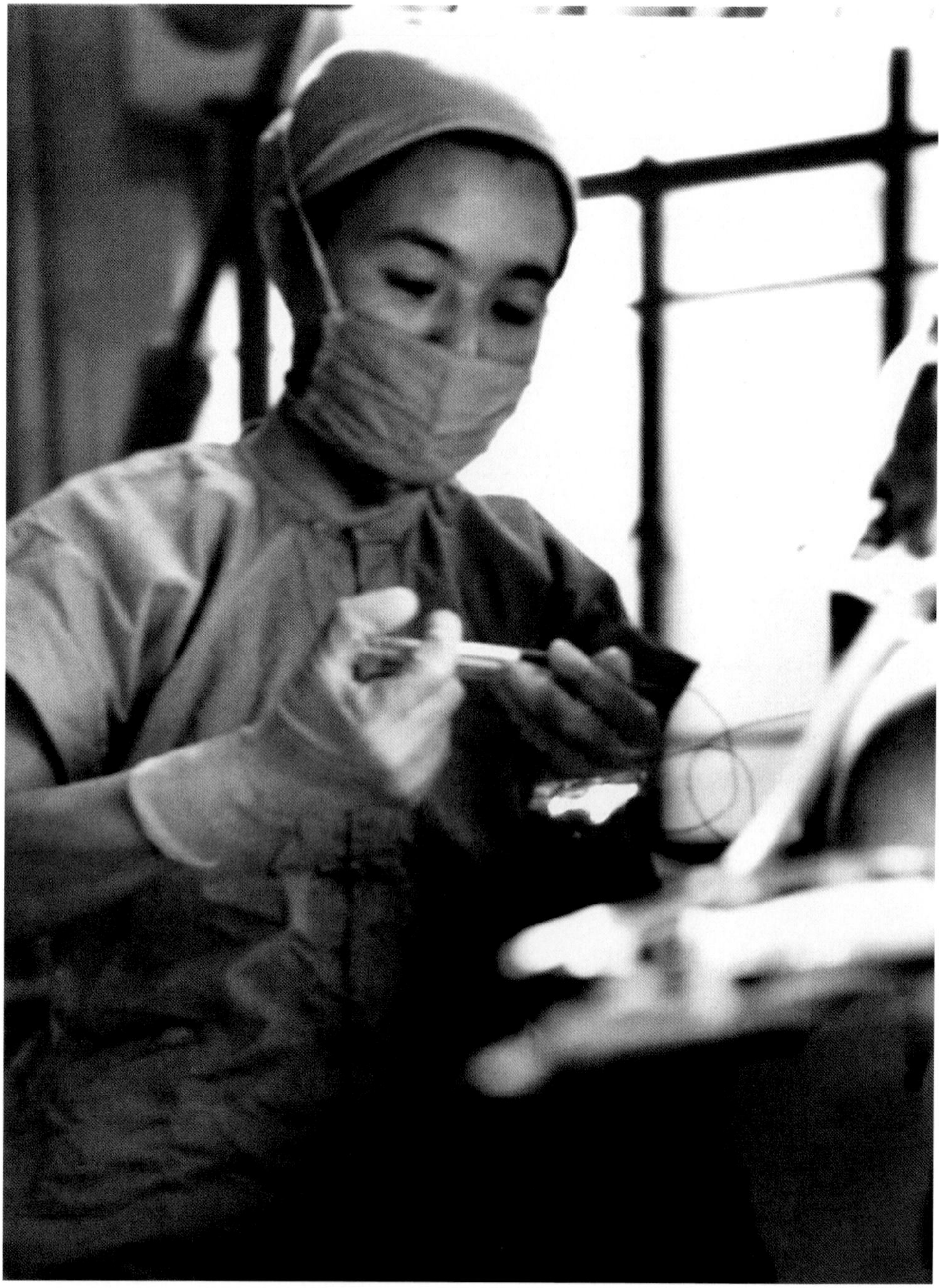

积水潭医院麻醉医师——时光 1965 年 翁乃强摄

1967 年春，翁乃强采访解甲归田的将军甘祖昌（右）

红卫兵大串联，我也背着背包一起去。

宋　靖： 去哪了？

翁乃强： 跟着哈尔滨军工的人从北京到瑞金，从瑞金就开始步行了，跟着他们一直走，走到井冈山，走到长沙，本来说要一直走到延安的，结果上面说要回校搞大革命，就停下来了。当时跟着这些红卫兵走，我拍了很多，学红军绑着裹腿，就顺着长征路走红军当年走过的道路，去听红军讲故事，然后再到当年毛主席到过的那些地方、住过的地方，还有朱德跟毛主席会师的地方采访，重走长征路，一边走一边拍。回来以后又想着自己要上山下乡了，作为知识青年，我也要跟着去北大荒，去拍他们。

宋　靖： 你们家“文革”的时候也受到冲击了吧？

翁乃强： 没有，我们家没有受到冲击。我们是华侨，没什么事，我小的时候也挺积极的，是少先队员，又入了团，而且工作挺认真负责的。我们领导对我们也挺关心，不然我怎么能采访毛主席接见红卫兵呢？另外我还拍过周总理，1966 年“五一”劳动节的时候，我到劳动人民文化宫，这边是一根汉白玉栏杆，总理还有宋庆龄等坐在一排，陪着阿尔巴尼亚的客人，离我们只有一米多不到两米远。我就站那拍，总理就看着我，说：“多拍一点群众（笑）。”所以我那个时候挺激动、挺高兴的。领导跟我们的关系就是这种，很关心我们。

“文化大革命”时我拍了知识青年上山下乡，回来又拍劳动生产，我到了河南林县拍红旗渠，又到徽县，到上海，反正到全国各地去拍照，去采访。还跟着外宾，日本的代表团、演出团等到各地去，一边拍摄一边采访。之后又拍样板戏，我负责舞台专栏，拍人艺的戏，拍京剧。反正要对外宣传好的东西。那时我们拍样板戏，很少摆拍，都是在演出时抓拍。后来一直拍到打倒“四人帮”，一直到 1990 年我调到中央美术学院。总之在《人民中国》时我拍了好多东西，照片太多了，屋里有很多底片还没整理完。

我拍了一些自己认为很重要的照片，其实是很生活的，比如冬储白菜。北京市民每年冬天都要储存白菜，那时候人们饭桌上主要的菜只有白菜和萝卜。当时是计划经济，买布要有布票，买肉要有肉票，什么都是有计划的，一家几口人吃多少东西都是有计划的，吃菜也是这样。每年到种菜的时候，北京市委都得调查了解北京有多少人口，一天每个人吃多少斤菜，再到各个公社下达任务，种多少白菜。到秋天收白菜时，军队的卡车就到北京拉白菜，然后从供销社分配到每家每户，而每家每户每年冬天都要储存白菜。我就拍了一组这个题材的照片，反映当时的计划经济和人们的生活是什么样的。当时是平均主义的，根据白菜的好坏分为甲级、乙级和丙级菜，然后搭配着分给每家每户。这是通过一个生活细节来反映时代的照片，现在来看很有意思。我还拍了当时北京冬天烧煤取暖的主题，也是有计划的，每家每户多少斤煤。我还拍了自行车，王文澜不是拍了中国的自行车吗，那个时候我也拍了。还拍了那个时代人们穿衣服的变化，以前都是军装和中山装，样式和颜色都比较单一，改革开放以后，衣服的样式也多了，我就走到街上拍人们穿什么样的新衣服。我就是一直很爱从社会的细节中看到社会的变化。大家知道刘香成吧，他出了很多画册，都是记录时代和社会发展的。他除了自己拍摄外，还选别人的照片来编成画册。

宋　靖：我们在采访过程中，有很多摄影师包括王文澜和贺延光都提到受了他的影响。

翁乃强：他原来是美联社的摄影记者，他编书时还用了我的很多照片。说起来，有的杂志有时用了我的照片连名字都没有写，经常出现这种情况，不过我也不在乎，用吧，拍的照片就是拿来给大家分享传播的，不然就体现不出它的价值。现在很多人一天到晚就谈照片的经济问题，经济是重要，可是我注重的是社会效益，要让大家看到，了解到中国究竟怎么样。我们那个时候照片是不值钱的，用完了就完了，后来拍卖才把照片给炒值钱了，可是我们拍照也不能只是为了拍出高价的作品，重要的是你要把照片拍好。我也没想到后来我的作品会卖得这么高。

我受到纪实摄影的影响，是因为我在《人民中国》工作，而之前也看了很多画册，看了很多展览，很多作品都对我产生了很大的影响。这些作品反映时代，反映历史，让我们回忆起了很多事，可以总结什么是成功的，什么是失败的，什么是好的，什么是不好的。最近看到院子里堆了很多破自行车，我就特别感慨，我们年轻的时候，自行车是三大件中的一件，那时家里有辆自行车是很自豪的事儿，现在自行车就像垃圾一样。这就是生活和时代的变化。有人说："翁老师，你赶上了'文革'，那时轰轰烈烈，所以你可以拍到很多大场面和很多很尖锐的冲突。现在没什么拍的了。"其实不是，社会在发展，我们的国家现在也面临着很多问题，只要你去关心生活、关心社会、关心国家的发展，就不会找不到拍摄的题材。所以我觉得问题就在于我们怎样对待自己的追求和工作。

我前段时间（2013 年 5 月）捐了一些照片给中央美术学院办展览，就觉得学校很重视，我就让他们随便挑，然后把挑中的整理出来放成收藏级的照片。我以前还拍过

20 世纪 80 年代北京街道为市民供应的大白菜 1983 年 翁乃强摄

供销社为北京居民运送白菜 1983 年 翁乃强摄

晾晒白菜便于存储 1983 年 翁乃强摄

很多关于中央美术学院的变化的照片。原来美院是在王府井旁的校尉胡同，搬迁时我就拍了很多，包括我们的老师，等等，现在这些都成了学校很重要的资料。还有美院附近的金鱼胡同的变迁、王府井附近的房子拆迁等，以后我还要把这些也整理出来，应该很有意思，可以从中看出一所学校、一座城市和一个社会的变化。所以说生活是很丰富的，比如说拍肖像，不要只会摆拍，而是要抓取生活中的瞬间。我现在正在整理学校的吴作人、李可染先生的照片，我那时拍了很多在学校很有影响力的老师的肖像。所以说，纪实摄影的面很宽，只要我们有心，就可以积累出很多很好的纪实作品。我现在虽然年纪大了，但还到处走，拿着相机，看到有意思的我就拍。

很多好的摄影作品是很难拍到的，是需要很多积累的。你要关注社会各个方面，才能提高眼力，摄影是发现的艺术。有的人说为什么外国摄影师到中国来就能拍出好的照片？那是中国人看不到，处在那个环境中反而忽略了。主要看你是不是关心生活，是不是下功夫去钻研，你了解的知识多不多。那时搞摄影是非常困难的，我们进口一个胶卷，国家就要拿很多外汇去香港换。现在几乎家家户户都有相机了，另一方面喜欢摄影的人也多了，有群众基础了，所以我们可以拍到更多更好的照片。

在不利的位置和条件下拍到最好

宋　靖：翁老师，您拍毛主席接见红卫兵那张照片是怎么接到的任务？

翁乃强：那时候我在报社，听说毛主席要接见红卫兵，我们记者就要去采访，采访要领记者证。记者证分几种，有流动的，有固定的，有可以上天安门的，上天安门的就属于中央组的。我的记者证是流动的，可以到观礼台或者广场上活动。

宋　靖：那您拍《人民万岁》那张照片的时候是在哪个位置拍的？

翁乃强：在西头，西头最高的观礼台上面。

宋　靖：我一直以为您是在东边拍的。您是一个流动的机位，可以到处跑。

翁乃强：也不是一个机位，没有机位，我身上背了好几台相机，一台 120 的，两台 135 的徕卡相机，各种镜头，背心衣服、背包里塞满镜头、胶卷，用的独脚架，就来回跑，累啊。那个时候，气氛特别热烈，喊“毛主席万岁”的声音嗡嗡的，人山人海。我们当记者的看到这种气氛，就想着怎么样能拍好。

宋　靖：在拍这些大型活动的时候，您觉得瞬间性和预测性是不是很重要？

翁乃强：作为记者，在拍之前你的脑子里就要有各种各样的推测，毛主席从哪里来，会到哪去，这都要有预测，看看当时的气氛，自己要有一个准备。我就想着毛主席坐车走了肯定还会回来，会上天安门，他们肯定要道别。总之都要有想法，毛主席到这个角上的时候怎么构图，都要想好，想好了之后就等着，毛主席一来，就按快门。因为对焦已经对到那个角上了，对好了，就用肉眼看着，毛主席一来就按快门，要是等他来了再对焦啊什么的早就来不及了。

宋　靖：因为拍这种历史时刻，可能就那么几分钟。

翁乃强：对啊，它不会说等你再来一遍，不可能。那个时候拍纪实就是要抓，要快，纪实摄影很重要的一点就是基本功要练好。以前新闻电影制片厂，每年摄影师都要考试，用那种阿莱摄像机，放一个胶卷，把机器给你，让你从一个地方到另一个地方去拍，一开始告诉你多少度片子，速度是固定的，你就立刻把光圈调好，就开始拍，从这边到那边因为环境的变化可能要随时调整感光，完了以后冲出来再看你的水平怎么样。这一点，对于纪实摄影我们也要注意。刚开始的时候没有什么自动曝光、自动调焦，都是手动的，多少度胶卷，到那边测好光，把速度都调好，什么都准备好就等着，一会儿开始后就能一下子构图、对焦。焦点是很重要的，因为主题的中心就是在焦点上，你要告诉别人的就是你的焦点，让人看到最清楚的地方。我在美院给学生上课的时候，我把钢琴节拍器延长出来，然后在黑板上安一个小图钉，上面有个小球，然后等着节拍器扫过去之后碰到那个小球就拍，拍完了就冲出来片子，以此检验抓的时机对不对，拍的准不准，测定对瞬间的把握。这种锻炼，有些学生拍的就好，有的拍的就不好，有的老是差那么一点。

其实这有个规律，不能等到碰到小球的时候再拍，要掌握节奏。其实拍什么都是如此，要想抓到最精彩的瞬间，就需要锻炼，经常锻炼自己的节奏感。你们还可以学跳舞，学会这个对你们掌握节奏很有好处。有时候相机就是这样，你掌握它的节奏以后，你一按快门，得到的照片肯定是最好的，因为人的生活规律是按节奏来的。

再比如拍京剧，其实拍京剧特别有意思。我看过一个日本的摄影家拍的京剧，舞台上一个花脸正在唱，手上拿个锤子，锤子是转的，可人是静的，有动有静，就很生动，就感觉活了。所以说对艺术的东西、表现形式的东西也要重视，不是说纪实就是我能拍就行，也要有一些艺术的语言，要掌握摄影的语言，要把基础打好，感光、用光、动作，都要经常练，这样以后拍什么东西都很顺手，不是光按快门。比如说贺延光的那张《两党一小步，民族一大步》，拍摄之前要思考我要拍哪一个瞬间，人物要走到哪，是握手了还是没有握，这都是一个节奏的问题，也是一个表现力的问题。有的人说纪实摄影不一定要有艺术，把事记录下来就行了，这是不对的。纪实摄影要有表现力，有形式感，这都很重要，它能加强照片的感染力，能让人喜欢。

宋　靖：对，您谈的这个太好了，学生现在用自动相机，养成习惯，用多点自动对焦。

翁乃强：自动对焦也是可以的，可是相机在你手上拿着，对焦要看主体是不是清楚，稍微动一点，最清楚的时候你就按下快门。另一方面，不要怕动，不要怕虚，有的东西有虚有实才生动，该实的实，该清楚的清楚，该虚的虚，就像写意画似的，不是每一个地方都要像工笔画，有些东西就是一个感觉，就像齐白石画草虫白菜，大写意，那个虫子，每一点纹路都画得很清楚，可是白菜啪啪啪几笔就出来了，这样就有了虚实对比。艺术表现要掌握好语言，于我们而言就是摄影的语言，这语言是多方面的、很丰富的，色彩的语言、黑白灰的语言，还有虚实的语言，这是艺术的表现。任何东西都是这样子，不能说面面俱到，全清楚了、全虚了都不行，你要让读者知道你关心哪一点，你说话的重点在哪。假如有一个不清楚，这就有一个矛盾的统一，实际上艺术就是这样的，虚与实、粗与细、黑与白、冷与暖，都是艺术的语言，是摄影的语言，需要掌握。规律就是这样，眼睛看东西也是这样，重要的是实的，不重要的就是虚的。这很重要，你不能说你睁着眼睛看，所有的都清楚。当然相机可以做到，但它不是艺术的语言，它反而让读者不知道看哪儿才是对的，它就没有重点了。比如一大堆人开会，哪个人是主角，是重要人物，焦点就对着他，其他人都虚了，人家就会知道，哦，这位先生是这次会议的主要人物。所以说矛盾的辩证法、矛盾的统一这都是要学的，不要面面俱到，有些东西该舍就舍，最简练的其实是最难的，因为它最精华的东西就在那。就像人们讲话，有的人啰唆半天都不知道在讲什么，别人都不想听了；有些人就讲几句话就很清楚了，别人就明白了，这个是重点，给大家印象都很深。

摄影就是要练，就像长跑，每天都要练，我经常相机不离身。另外要爱护相机，我经常看到有些年轻人相机随便放，我一看那个带子垂下来就害怕，生怕相机掉下来。这都是一个摄影人应该有的素质。你在进行重要采访的时候，如果你的相机坏了，你就完不成任务。为了达到一个最好的效果，各方面都要严格要求自己，这样子你在什么地方都能够很好地处理突发情况。就像刚才宋老师说的，你站在哪个地方，要有预见性，这很对。另外你要拍一个东西，不要怕花时间，比如开一个会，会完了你就走了，

1977 年恢复高考，在考场上 翁乃强摄

结果最后有个事出来了，你却已经走了，所以你宁可慢一点，再等一会儿，等到人家全走了，你最后走，这很重要，有些东西是你意想不到的。我当记者就感觉，不要迟到，一迟到什么都完了；不要早走，宁可最后走。还有拍的时候不要说“1、2、3！大家注意了，看我这啊”，不要强加于人，要尊重人家，要抓取他最生动的时刻，尤其在合影的时候。我有一张照片，是在美术学院的展览上拍的，领导们都来了，要和老师们合影，我就不是等他们都站好了才拍，而是当靳尚谊在这招呼还没来的老师时拍的，这边人在这等，表情各异，特别生动。或者等大家基本上站好了，看差不多合适了就拍，但拍完后不要马上动，他们以为要散了，马上就很生动地相互讲话，这时候你再拍，人物的性格就都出来了。

周总理以前就跟我们说，你们要实事求是，不要强加于人，不要去导演人家。像农民，你为了要拍他的脸让他抬一点头，看看你，他就做一个动作，那是假的，他不是那样的。本来他穿的衣服是补补丁的，假如为了反映农民生活好，就让他换上最新的的确良，下到农田里又怕弄脏，动作都僵硬了，一拍出来就是弄虚作假，这就不是纪实照片了，是骗人的。

要懂得真正尊重他人，他是什么样的就让他什么样，不要去指挥他。现在很多人拍的照片我不喜欢，比如农民一家子站在院子里，把家里的家具，什么柜子啊、床啊，都搬出来放在边上，拍一个全家福。或者找一个少数民族，让他们穿上民族服装，也是这么摆。有些拍古典文学的，把现代人摆成古典的样子，就像画画一样，先画一个构图，再找模特去摆，再去拍，那个叫观念摄影吗？实在没什么意思。现在还有很多拍模仿荷兰维米尔的画的，窗前的少女，把现代人化装成那样，也是在那种环境中去拍。这有什么意思？你学人家可以吸收他好的东西，但你不要照搬，不要去抄袭。现在很多人就搞这个东西，他们说是观念艺术，我不喜欢。

坚实地垒起属于自己的摄影小山

吴家林

著名摄影家

- 1942 年生于滇东北高原的没落文人家庭。
- 1968 年在家乡的昭通县文化馆工作时，第一次接触摄影。
- 1969 年从县文化馆调到县委宣传部，做了一名新闻报道摄影员。
- 1974 年调到昆明，在云南新闻图片发稿站所属《云南图片》做记者。
- 1983 年开始走进云南边寨长期拍摄老百姓的日常生活。
- 1988 年经王苗推荐，作品发表于《汉声》杂志。
- 1989 年在台北、高雄举办“云南行脚”影展。
- 1993 年，在坚持十年的拍摄后，第一部作品集《云南山里人》出版。
- 1993 年，带着自己的作品拜访了马克·吕布，从此语言不通的两人通过观看照片建立了深厚的友谊。
- 1995 年，将画册《云南山里人》寄给马克·吕布，遂被推荐参加了 1996 年的休斯敦国际摄影展。
- 1998 年布列松邀请吴家林为其在英国维多利亚艺术博物馆展出的七幅中国题材展品撰写馆藏评论。
- 2003 年，代表作《拉家常·成都 1999》被布列松收入“布列松的选择”影展及画册。
- 2004 年，第二部作品集《吴家林·时光》出版。
- 2006 年出版第三本画册《瞬间边地》。
- 2006 年《吴家林·中国边陲》作品集纳入法国著名的摄影袖珍黑皮书出版系列，同名摄影展也在当年的巴黎国际摄影节隆重展出。

结扎之后 云南宣威 1991 年 吴家林摄

讲评：

吴家林在摄影界很低调，在我们策划本书，梳理中国摄影界的人物时，我的学生冯适提及了他，包括他的作品和成就，当时冯适让我看了吴家林的作品《云南山里人》，我觉得特别好，拍得特别真诚，不夸张也不做作，这是纪实摄影应该有的态度。同时我也想在本书中加入一些西南的摄影家，于是就选定了他。

"一方水土养一方人"是我特别认可的一句话，从吴家林的创作经历中，我们可以看到对于纪实摄影拍西南的题材他是如何入手的，是怎样深入持续地进行拍摄的，或者说一个摄影家是如何在自己的土地上成长的。

吴家林始终没有离开过自己的家乡，也没有显赫的教育背景，但他的成功经验再次充分证明了一点，我们的拍摄题材永远在身边，要拍摄我们熟悉的人、熟悉的景、熟悉的事。同时，也是这块土地让他形成"本乡本土"的摄影语言，这种具有地方独特性的摄影语言让他能在中国众多纪实摄影家中脱颖而出。传媒发展到今天，人在哪里并不重要，重要的是能不能在那里找到自己热爱的东西，对一个东西有热爱，就能找到自己创作的题材并长时间发掘下去，要发掘到别人曾经发现但没有表现好的东西。我觉得没发现过的东西现在基本没有了，只能说别人没表现出来的东西你表现出来了，别人也表现出来的但是你传播出去了，这就是成功所必备的要素。所以不管学摄影的学生是哪里人，在哪里工作，重要的是在熟悉的环境和熟悉的工作过程中找到自己的创作方向。还有一点要注意的是，拍差异化的东西和差异化的看待角度是比较容易引起他人关注的，就像我们看萨尔加多拍的非洲，这就是差异化的东西。

吴家林从学摄影到今天成为摄影大师，我在摄影圈都没怎么见过他，他好像也不怎么跟太多人来往，他就是本本分分、踏踏实实做一件事情，这也是值得我们学习的品质。艺术史上的成功往往有两种截然相反的过程，也有这样两种人：一种人脱离了生活本身的艰难，静下心来慢慢体会一些事情，成就了艺术理想；另一种人则是在逆境中挣扎抗争，当人的生命和境地落到最低的时候，有一种向上的力量成就了他。其实，每个人都是不一样的，有的人心智不健全，一遇到挫折就完了，如果内心很强大，遇到的挫折也可能成为一种财富。吴家林自己也提到了这一点，他曾经想过做风光摄影，尝试之后，他觉得这不是他擅长和喜欢的方式，这个转折其实对他来说很关键。

表面上看，吴家林被发掘出来具有偶然性，有王苗的推荐，有马克·吕布的认可，有布列松的推动。但是其中又有必然性，推荐他的王苗是见多识广的人，如果他的作品不好也不会被王苗推荐，同时他们也不会如此帮助他。

由于时间和路程等原因，我与吴家林老师的访谈没有当面开展。通过邮件交流几次后，最终由吴家林自己动笔按我们的访谈提纲写了下面的文稿。最让我感动的是，文稿最后，他特别强调了对年轻摄影人的一些建议，这反映了他是个非常有关怀心的人。

吴家林本人根据采访提纲撰写

接触摄影前，在祖屋的藏书和书画堆里，我懂得了做人做事的基本道理

可能是精神上的遗传，我从小接受了中国的传统文化教育，加上严格的家教和父母的言传身教，让我从小就懂得了做人做事的基本道理。我的父亲才几岁时，爷爷奶奶就双亡了。但是我爷爷的父亲是文人，当时是举人，之后就被皇帝派到湖南省湘潭县去任县官。《湖南农民运动考察报告》里面还说到，农民起来造反，赶走县官，那个县官就是我的老祖。因他是一个好官，农民没有杀他，还给他一些盘缠，他就从湘潭县回到老家昭通，一直在昭通教私塾。因为我祖上是文人，是没落的文人，所以我小时候是在老祖留下的大书房里生活的，那里藏书好多万册，手抄本特别多，手写的东西就像字帖一样工整。家里到处是古书、古字画、砚台、御墨。毛笔有各种各样的狼毫、羊毫。我小时候虽然家里很穷，但是我喜欢画画，而且完全是自发的，没有任何老师。开始是临摹字帖，后来就临摹画，只要看到喜欢的东西，我就会用线条把它画下来。我会讲究画面上的构图关系、完整性，我自己感觉挺有意思的。

接触摄影之前，我对绘画艺术是很热爱的。1966 年之前，新华书店里有很多俄罗斯的油画、各种素描画的普及印刷品，那时候我收藏了很多，有些画我也学着临摹，那时我觉得绘画才是艺术。但是很奇怪，当我接触了苏联的摄影画报之后，我的感情发生了一个飞跃。感觉真实的影像超越了在画室里面用想象去描绘虚假的构图。我忽然间觉得摄影更好，在绘画和摄影之间我更偏爱摄影了。当然，这是一个慢慢变化的过程，当时我还没有开始拿相机。一旦我拿了相机之后，就完全离开了绘画，我对绘画兴趣不大了。因为那时绘画大多数都是主题画，主题画大多又是画的像真实的生活一样的场景，而摄影能抓拍到原汁原味精彩的生活瞬间、人生百态，这是绘画不可及的。

其实，我并不是从小就喜欢摄影的，我是一个穷苦人家的孩子，家里从未有相机这洋玩意。过去见有人挎着相机，带着一些女孩子前呼后拥地招摇过市，就给我造成了花花公子、耍哥玩友才玩相机的印象，因此我厌恶相机。当有人问我要不要照相的时候，我非常反感，觉得相机不是我们这种人玩的。但是后来，因为有人认真说服我，情况又很特殊，我就阴错阳差拿起相机了。

1967 年“文革”时期，在昭通县刚好要搞一次农民业余文艺汇演，要给各个公社的演员拍工作照。负责照相的人是团县委一个比我年长的年轻人。但照相那天正好他乡下家里兄弟结婚，他必须回去。他就抱着一台上海牌四型 120 双镜头反光相机来找我，对我说：“小吴你帮我个忙，帮我去照相。”我一听“照相”两个字，马上把他推出门外，我说：“你不要找我，我很讨厌照相。”他就说：“这是我的工作，你帮帮我吧，因为我兄弟结婚，我必须回到乡下家里，我毫无办法，只好来求你帮助了。”当时我看到他焦急求我的样子，一下心软了。我说：“我有心帮你，可照坏了怎么办？”他说：“简单得很，我教你。”他马上就打开相机，很用心地教我怎么拧开相机盖，怎么装胶卷，什么是光圈，什么是快门速度，还用笔给我记下：大晴天时快门速度 1/125 秒，光圈 f/16 或者 f/11，没有太阳光时快门速度 1/60 秒，光圈 f/8 或者 f/5.6。他说你按这个去做，焦距调清楚了，按快门就行了。他快速地教了我，我也记住了。等到那天，赶鸭子上架我就去了。冥冥之中好像有神明在指引我，在老一中那个地方，有水池、石雕、树，我就把人安排在前面，就是凭一种感觉，很朴素的审美感觉，我把 3 个 120 的胶卷全部拍完。之后送去照相馆冲洗。拿回照片后我兴奋得不得了，全部照片都非常好，光影层次质感很美妙。我觉得照相太简单了，从此我真的爱上了摄影。

后来，我就成了县城里面大家认为照相照得最好的人。每逢星期天，朋友、周围的熟人都会买一个胶卷请我义务给他们做摄影师，我就会找一些风景很好的地方，把人和环境的关系处理得很和谐，在人物状态自然、情绪很好的时候按下快门。几个月后县城里就传遍了：吴家林照得太好了。不久我从县文化馆调到了县委宣传部，做了一名新闻报道摄影员。

不到一年时间，《云南日报》、《人民日报》、新华社都采用了我拍摄的昭通题材的照片。一下我就小有名气了。后来省里面要举办“纪念毛泽东延安文艺座谈会”30 周年的大型摄影展览，我的许多摄影作品入选参展。他们看了那些照片都觉得很震撼，反映的是在高寒山区上的羊群、牛群、马群，还有那些牧民的生活。这些好照片也为我能调到昆明奠定了基础。

当然，这也是命运之神的安排。我的老伴是昆明人，我是昭通人。年轻时，一个偶然的机会，她到昭通看她的叔叔，我们相识、相恋，后来就结婚了。我是第一次恋爱，她也是第一次恋爱，我们就这样相识并相依相伴了一辈子。那时如果没有谈这段恋爱，我摄影做得再好，也只能在昭通做。我们生了一对双胞胎之后，家里确实困难，就需要解决家庭生活问题。

“文革”时期，中共中央有一个解决职工夫妻两地分居问题的文件，文件中指出，夫妻两地分居七年还是八年之后，一方可以调到另一方工作所在地来。当然这也不容易，比如说可能有 500 对夫妻需要解决两地分居问题，说不定只能解决 100 对。我荣幸地成为这 100 对当中的人，1973 年 2 月，我被调到昆明来了。

观念的转变与个人风格的形成源于一次彻底的失败

20 世纪 80 年代初，沙龙摄影这个浪潮也涌进国内来了。我一生什么摄影都做过，在昭通那一段做新闻报道摄影，基本上是模仿省里面新闻摄影记者的拍摄方法，看省报记者如何导演、摆布、组织、安排拍摄新闻照片，我也学着做。

后来到省里，特别是到了省文化局美术摄影工作室之后，刚好思想解放了，四月影会的展览开始出现。紧接着陈复礼、钱万里、简庆福这些人的展览，港澳台沙龙派的展览大量涌入。那时候我是工作人员，我还去接这些展览，从成都接到昆明巡展。我看到陈复礼当时的照片，觉得摄影还可以这样拍，拍得像画一样。当时我盲目地跟风，跟风的时间很短，跟了几次，就发现这个不适合我。有一段时间我也拍风景，拍风光，也吃尽了苦头，这真是上天在引导我去拍人文。因为我在云南藏区拍风景的时候，差点把命送掉，一气之下改拍人文。当时我独自一人，拍完日落，要步行 53 公里的高原山路赶回驻地。我在黑夜中拖着疲惫的双腿艰难赶路时，忽然之间看护牧场的四条凶猛的藏獒直向我冲来，我赶忙甩着三脚架自卫。四条藏獒狂吠着四面包围我，我拿着三脚架一边甩，一边叫，一边退。没料到退到养路的沙石堆上被石头绊倒在地，藏獒被这突如其来的情况吓得撤退了一下。我摔在地上才知道沙堆上是鹅卵石，养路的石头。我抓起石头乱打。那个时候也不知道哪来的力气，实际上就早上吃了一个饼熬到那会儿，又饥，又渴，又累的。最后藏獒的主人出来呼唤藏獒，四条藏獒闻声撤退了。我浑身瘫软，一身虚汗，一点力气都没有。我凌晨三点钟走到招待所，把招待所的门敲开，跟我住在一起的是地质队的一个队长，他还有手枪。我一进门，一跤摔倒休克了。他后来掐我的人中，喂我喝糖水、盐水，还把招待所的所长叫起来，在厨房里面给我煮了一斤挂面，十个鸡蛋，装了一脸盆，我全部吃光了。

更要命的是我那次拍的 8 个反转片，寄给上海科技出版社我的一位老师冲洗，他拿给他的学生冲。上海的年轻人不知道我是用命换来的照片，没当回事，可能是马虎大意地把药水倒错了，彩色反转片出来之后有影像，但全是绿色，没有其他颜色。我当时拿着这批照片哭也哭不出来。当时好像是一个惩罚，实际上这是好事，让我一下就想到，为拍风光，53 公里路，我走得休克，差点把命送掉，如果有汽车，53 公里路算什么事。我明白了拍风光应该有交通工具，有拍风光的条件，没条件就不要去拍风光，去拍人吧，到村子里面，跟老乡们住在一起。

之后我从风光摄影改为人文摄影，就是因为这一次的教训。1996 年，我把这个故事讲给休斯敦国际摄影节的主席鲍德温听，他感慨万千，说："你一天遇到的问题是我们美国人一生难以碰到的问题。是你的精神感动了上帝，上帝在指引你走一条正确的摄影之路。"

当时对他这句话我还不以为然，但是现在上年纪了，我慢慢在想，这些都好像是冥冥之中自有安排，虽然没有人指导我摄影，没有人叫我拍人物，但是我就顺其自然地走上了这条人文摄影之路。

我的抓拍方法是从犯这些错误的失败教训当中总结出来的。我过去拍照常常要组织导演拍摄，哪怕是拍新闻照片我都要导演、安排，我曾在报纸上发表了不少这类照片。到了 20 世纪 80 年代思想大解放，提倡反思过去，报纸上提出"实践是检验真理的唯一标准"大讨论，我也参加了这些政治学习。我喜欢联系自己的实际，一下就联系到我拍假新闻照片这一段，我当时就觉得我在犯罪，是拿老百姓开玩笑，是为了一种政治功利不要真实的卑劣的行为。所以当时我就暗暗下决心，我要痛改前非，永远不再去导演安排、组织摆拍，有本事就拿着相机去抓拍，不干预被拍的人。那时我是从这样一种忏悔、改正错误的想法来寻找一种抓拍的方式。我的《云南山里人》就是这样诞生的。我到了村寨，就住在村里拍老百姓的日常生活。万万没有想到，这种在抓拍的同时又十分讲究画面美学、形式构成的照片与马克·吕布、布列松他们的拍摄方式不谋而合，一下让马克·吕布格外欣赏。

《云南山里人》从 1983 年开始到 1993 年结束，拍了 10 年，10 年之后我见到了马克·吕布。拍《云南山里人》时我还不知道西方有什么马克·吕布、布列松，我也没见过他们的作品。直到 1988 年，在李媚编辑的《摄影》上，我才第一次见到马克·吕布两英寸大小的 44 幅《中国所见》。真是让我大开眼界：纪实摄影绝不是单纯的记录，而是有摄影者主观的视觉发现，并通过对典型细节及瞬间的抓取来反映。这样的纪实照片可以折射出一个时代、一个社会、一个民族的精神。

《云南山里人》是对生我养我的这块土地的敬重、感恩，是真正而纯粹的摄影追求，也是我彻底摆脱“靠题材吃饭”的投机摄影的产物。我从未想过靠拍摄它来出名或换取什么。当时，我正是体制内的摄影记者，职责就是大量拍摄供宣传使用的模式照片。《云南山里人》的大量照片是在完成了职务照片后，利用休息的时间，走村串寨拍摄的，反映了云南的山里人在云南高原特定的生存环境中自强不息、坚忍不拔的大山精神和他们的喜怒哀乐。拍摄他们时，我常常感觉是在拍摄我的父母、兄弟、姊妹。

在摄影之路上激励和影响我的人，一个都不能少

我是个不需要别人鼓励也能默默做事的人，但这么多年来我得到了很多人的激励和帮助——肖敬志、王苗、王志平、李媚、侯登科、张照堂、阮义忠、马克·吕布、弗里克·鲍德温、罗伯特·德尔皮尔（Robert Delpire）。

当我在摄影上还有些迷茫的时候，我认识了王志平、王苗。记得 1981 年我到北京出差，要走的那天，王志平约我到他家里看他在西藏拍的照片。我坐的火车是夜里 12 点发车，我在黄昏时到了王志平的那个著名小屋，王苗也来了，带着一网兜黄瓜、西红柿、面包。我们一边吃一边看幻灯。那个时候我已经开始在拍摄中注重人了，但还在懵懂之中。我坐在那里看着看着就坐不住了：这么鲜活的西部！这么自然生动的西藏！我突然有了种被激励起来的力量：我也能做到！我恨不得马上回家付诸行动。

在那间小屋里，王志平、王苗的真诚让来自边疆的我感受到人与人之间的温暖。他们那么无私地把对艺术的观点告诉我。我们看完照片后已经是 10 点多了，他们俩用自行车把我送到火车站。火车开时，大雨瓢泼而至，我在心里为他们担心：哎呀，他们要淋雨了！

那次回到昆明后，省里正要办一个“云南风情摄影展”，我也不知道哪儿来那么大的劲儿，两个月不在家，一下跑了很多地方，就用在王志平家受到的启发来拍摄。我的拍摄理念更清晰了——拍人，拍人，还是拍人。从那时起，云南人的生存环境和人的精神状态成为我永远的拍摄主题。

有一次，我把在金沙江峡谷捡到的一块石头送给了王志平。20 年后在法国南方王

赶花山节的山民听领导讲话 云南宣威 1991 年 吴家林摄

志平的家里，他给我看这块石头："吴家林，还记得这块石头吗？"我无言以对，顿时眼睛湿润起来。

王苗对我在艺术上的影响也很大，她视觉上个性十足，她使我明确：任何艺术应有自己独特的语言。摄影者一生寻求的就是这种语言。她给过我许多次难忘的拍摄机会，为我介绍过很多优秀的摄影家，推荐我参加过许多重要的摄影活动，在港台举办影展。

1993 年，我幸运地认识了国际摄影大师马克·吕布。那时，我正在深圳出差，杨延康说带我去见马克·吕布。我正巧带了一盒我的小照片。马克在他住的房间里看我的照片整整看了一个半小时，并按 A、B、C 进行分类——A 是最好，B 是差不多，C 是不太好，这对于一个摄影师的摄影眼光是一个最好的提高方法。而且今天我也在沿用马克·吕布对我的这种训练眼光的方法，来训练其他摄影师。中国有很多我不知道的摄影师，他们把照片呈现给我看，我也依然像马克·吕布对待我一样，把他们的 A 类照片分出来。

比如有一些摄影师拍了一生，呈现出 500 张照片来，这 500 张照片中真正 A 类的照片可能只有 50 张，他们就很难把握哪 50 张是他的 A 类片。但是如果把照片拿给我看，我可以说有 90% 的把握把他最好的 50 张 A 类片挑出来。一旦挑出来之后，这个人一下豁然开朗，明白他自己最具特色的片子是哪一类型的。所以他还可以调整他摄影的方向，这对于一个摄影师来说是非常重要的。一个摄影师往往看别人的东西会看得清晰，而看自己的东西却是迷茫的、模糊的。马克·吕布与我相交那么多年就是相互看彼此的照片，并进行分类，一点一点地提高自己看照片的眼光。

由于语言的原因，我们之间没有对话，就是观看照片，看了照片之后我们的友谊变得深厚了，我们之间是一种纯洁美好的人性交融，一种志同道合的艺术交融，一种情感和人格的交融，所以这是人世间最纯洁、美好的交往。非常荣幸，我得到许多摄影朋友的支持和理解。

1995 年，我把我的画册《云南山里人》寄给了马克。收到画册那天刚好休斯敦国际摄影节主席鲍德温在他家中，两个老人见了画册很惊喜，当即决定推荐我参加 1996 年 3 月的休斯敦国际摄影展。后来我应邀到了休斯敦，展出很成功。2002 年休斯敦国际摄影节从十届 1000 多个摄影展中精选出 10 个最好的影展在世界各国博物馆巡展，其中就有《云南山里人》。在休斯敦国际摄影节期间，马克又写信给我："巴黎对你很重要，一定要来。"1996 年 3 月我第一次到巴黎，70 岁的老人亲自到机场来接我。

卖鸟人 四川宜宾 1989 年 吴家林摄

海鸥与人 云南昆明 1997 年 吴家林摄

后来我才明白，要我带上作品来巴黎是为了申请 11 月在巴黎国际摄影节上办展。

巴黎每天都有上百个展览，通过马克·吕布的积极推介，我在那里果然认识了很多重要的给予我帮助的人物，我得以参加了一系列展览。

2004 年 10 月，我赴法国蒙彼利埃，与大师马克·吕布在法布耶艺术博物馆举办摄影展。这是老人的中国摄影五十年回顾展，给了我一个重要展厅，展览了我的 32 张照片。

我将随身带着的为“边地行走 100 天”拍摄的约 200 张照片请马克指教，这批照片令他格外惊喜，他挑选出 80 多张带回巴黎。11 月 13 日，我到巴黎他的寓所中发现，80 多张照片已被他放大编辑成一本简易画册，供参加巴黎国际摄影节的大师们翻阅。我的第三本画册《瞬间边地》就是在马克·吕布挑选的 80 多张照片的基础上编辑而成的。他评价我的照片是“治疗淫逸无度的城市病的良药”。

就在这次，马克·吕布把我引荐给“黑皮书”主编、布列松生前的艺术顾问、原法国国家摄影中心主任，布列松、寇德卡、萨尔加多、杜瓦诺、马克·吕布等摄影大师的影展、画册几乎都是由他亲自选片、编辑而成的。他看了我的作品，当即决定把我的作品列入“黑皮书”出版计划。著名的法国袖珍黑皮书系列是世界大师级摄影家的代表作丛书，30 年来，每年选出三四位摄影大师，出版他们的“黑皮书”作品集，至今已出版了 130 多位。卡帕、布列松、寇德卡、萨尔加多、杜瓦诺、马克·吕布、尤金·史密斯、罗伯特·弗兰克等人均在其中。那本单面印刷的小黑皮书，10 年前我第一次看到就爱不释手。我做梦也想不到我会被列入“黑皮书”的出版计划。当翻译小芹告诉马克·吕布这个消息时，他高兴地哈哈大笑，他说：“世界上很多著名的摄影家都在等待这一天，在这个序列里终于有了中国摄影师的一席之地。”

他看我入木三分，他看人、看照片的眼光都十分敏锐。他认为我的照片非常中国化、个性化，但又与他和布列松不干预拍摄对象、不摆布制造、讲究画面构成的抓拍方式相同。我一直很感激马克·吕布发自内心地赏识我。没有人告诉他我是什么样的人。

我的视觉学习与我的坚持

我一直喜欢观看。这与我从小热爱书法、绘画有关。乘车时，我常常闭着一只眼睛，将流动着的汽车、火车车窗作为取景器，观察、发现一闪而过的优美画面。看电影、电视时，我常常去捕捉人物运动中的最佳瞬间。没带相机我依然会随时随地在现实生活中观察发现那些不一般的神奇画面。摄影给予我无限的快乐，我对摄影的确到了痴迷的状态。

近几年我也在国外博物馆学习。到了国外，只要有机会，我一定要进博物馆、艺术馆观看学习。那里有艺术家集一生心血的东西。每次观看我都激动得不得了。

我更在生活中学习。我那些老乡家中的许多粗拙而实用的生产生活设施，如围栏、晒架、墙壁、猪舍、马厩、牛圈、鸡笼、杂物棚等，几乎都是各个家庭成员颇具个性的自我建造，这些景物不断冲击着我的视觉感受，我经常把这些生活设施当作一件雕塑或装置艺术品拍摄，作品往往承载着社会历史文化有趣而丰富的内涵。

我一直在学线条、形式、美感，画面里有哪些东西，我该站在什么位置，在哪一刻按快门，我画面里会跑进来什么东西，我怎么找到有意义而没人注意到的瞬间，这些我都会知道，这就是观察得来的经验吧。

我享受视觉观察的乐趣，相机延伸着我自身的视觉。有相机在手，走再远的路，爬再高的山，我也不觉得累。如果没带相机，再好玩的地方我也觉得无趣！有一次在德国，我的相机拿去徕卡公司维修，那两天我就手足无措，感觉很无趣。我只好一直坐在地上，看来来往往的、形形色色的人的动作。第三天相机拿到了，从早到晚我都在这座陌生的城市里行走拍照，心情好极了，感觉时间也过得很快。

有人把徕卡当成身份的象征，我不是。我只想让乡民以为我拿的是最简单的相机。1996 年 3 月去休斯敦时我还没有自己的相机，11 月徕卡公司总裁送了我一台徕卡。1997 年我用琼斯母亲基金奖奖金买了第二台徕卡。我有两支镜头：35 毫米和 50 毫米。我的片子 70% 是用标准镜头拍的，它让我感到真实和放松。我性格内向，不好意思贴拍摄对象那么近。我天生反感表面的构图冲击力，我的构图和我的性格一样——不张扬，物体之间的细节和动态恰到好处地组成我认为的优美画面。

我看到有些文章中说我早期大量使用广角镜头（20 毫米）拍摄，这其实纯属偶然，因为我没有经济能力去选择用什么镜头，给单位干活，发给我什么镜头，我就使用什么镜头，实践中逐渐认识调整。1988 年，单位配给我一支 28 毫米尼康小广角，成为我拍照的主打镜头。次年，单位来了一支 18 毫米的镜头，5 月，我社与香港《中国旅游》杂志合作，我参加拍南方丝绸之路报道摄影两个月，顺便借了那支 18 毫米的镜头，两个月下来，用它拍了 150 多个彩色反转片。而我随身带着的一台尼康 FM2 装着黑白胶卷，偶尔才拿出来拍上一两张，自然也随手套上 18 毫米的镜头，两个月下来仅仅拍了 3 个黑白胶卷。1989 年《云南山里人》入选的 12 张照片，就是从这 3 卷黑白片中挑选

大山包山民 云南昭通 1989 年 吴家林摄

选自《云南山里人》 吴家林摄

出来的。回来就将此镜头还给单位了，从此再没用过它。我感觉用此镜头太冒险，主要是太夸张、变形，扭曲人物形象，水平线稍微控制不到位，照片就会变形得十分难看，有悖纪实人文摄影的真实性原则。

1991 年，单位配给我一支 20 毫米镜头，《云南山里人》中，1991 年、1992 年拍摄的照片大多数是 28 毫米和 20 毫米这两支镜头拍摄的。它们的副作用比 18 毫米的镜头小。用广角镜头拍摄者很占便宜，它常常会将拍摄者疏略的景物包容进来。但布列松很多经典作品却是用 50 毫米镜头拍摄的，这更接近人眼的视觉，画面更舒服，当然拍摄难度比广角更大。

1996 年 11 月，徕卡公司在巴黎赠送我一台 M6 相机，配一支 35 毫米镜头，之后的三四年间，此相机成为我的主打，广角的副作用几乎没了，拍摄难度比 28 毫米镜头略大些。1999 年以后，我 70% 的照片几乎都是用 50 毫米标准镜头拍摄的，我的代表作《拉家常 · 成都 1999》就是用 50 毫米标准镜头拍摄的。

2004 年我在巴黎有幸见到了罗伯特 · 德尔皮尔，他是世界上顶尖级的摄影策展人、摄影艺术总监、图片编辑。我们见面是商讨为我出版“黑皮书”的事。我借此难得的机会向他请教：“我是个自学摄影的人，请您帮我指出我摄影中的不足和问题。”他听后半天说不出话来，至少停了两分钟说道：“你的照片拍得这么好，我确实说不出有什么不足和问题。”又停了一会，他说道：“如果要听我的意见，就是按照你现在拍摄的风格和方式，不间断地坚持拍摄下去！”他说得很对，有个人独特风格的摄影家，坚持沿着自己的风格拍下去非常重要。

所以，我后期的拍摄，无论题材还是风格，基本上是《云南山里人》的延续。《云南山里人》偏重直觉和情感。我之后的画册，在情感的基础上，注重“艺术地记录”。人生短暂，能把属于自己的这座摄影小山坚实地垒起来就很幸运了。

最后给年轻摄影人提些建议：要真正热爱摄影，对摄影感兴趣。不要指望摄影能给你带来财富和权利地位。加强道德良知、社会责任感的修养，加强文学、美学、视觉艺术的修养，关注电影、电视纪录片。在摄影实践中不断总结经验教训，寻找适合自己的拍摄题材和拍摄方式，寻找属于自己个性化的东西，千万不要去跟风随流。

农民工 云南昆明 2006 年 吴家林摄

用本能记录下眼睛看到的

晓庄（1952年在舟山）

著名摄影家

- 出生于1933年，浙江奉化人。
- 1949年3月参加浙东四明山区游击纵队。
- 1950年3月在部队报社开始从事摄影工作。
- 1952年9月转业到《新华日报》做摄影记者。
- 1957年参加中国摄影学会，曾任第四届、第五届江苏省摄影家协会副主席。
- 1970年1月下放至南通，先后在《南通日报》和南通市文化局工作。
- 1980年3月调到江苏人民出版社，筹办了全国性摄影刊物《光与影》，并任主编。
- 1994年3月离休。
- 1996年12月获中国摄影家协会颁发的荣誉杯。
- 出版的作品集或图文集有《瞬间的回忆》、《文革岁月》、《红相册——晓庄摄影手记》。
- 在出版图书的同时，晓庄还举办了五次摄影作品展："永恒的记忆"（2003年，山西平遥）、"文革岁月"晓庄作品展（2004年，北京百年印象画廊）、"激情岁月"晓庄摄影作品展（2008年，北京798艺术中心）、"与新中国同步——奉化籍摄影家晓庄从影60年回顾展"（2010年，浙江奉化溪口）、"蹉跎岁月"（2011年，江苏淮安国际摄影馆）。

江都插秧女 1964 年 晓庄摄

讲评：

作为一位为她那个时代留下珍贵影像的女摄影家，晓庄虽然不太为人所知，我却很喜欢她的照片。和她交谈一番，影如其人，便也喜欢上了她的直率。初见面，她翻起过去的作品，回忆起年轻时的革命生涯、火热的生活与她的老南京等等，女中豪杰的气度一下子就和她照片中直面现实、真实记录的力量相合起来。谈话中，她时常用"老太太我当年……"这样的话语来表达对现实苦难的毫不在意。我想，作为一位这辈子干摄影无怨无悔的摄影家，她用最朴实的语言道出了摄影的真谛。

晓庄访谈

我这辈子很值、很充实，无怨无悔地干自己喜欢的事情

宋　靖： 我了解到当时部队里面要找一个女孩学暗房，然后您就跟着学了，那应该算是您最初接触摄影的契机吧？

晓　庄： 我是无意中在部队开始学摄影的。1949 年 3 月，我在杭州师范读高二，受地下党二姐田英的影响，冒着生命危险参加了浙东四明山区游击队。解放军渡江后，游击队整编，我就正式入伍成为 22 军的一名文艺兵。一开始在文工团，后来到了军部麓水报社做内勤工作。解放舟山前夕，报社需要有人搞暗房，要学会冲洗胶卷和洗照片，为去前线报道的摄影记者做好后勤工作。军部宣传部长张雁寄到文工团去选女孩，他认为女同志比较细心，适合做暗房工作，不知道怎么看上我了。当时我觉得学点技术也好，那时我很小，只有 16 岁吧！去报社见到的摄影人员就是从照相馆出来的学徒，从拍照到暗房全会，我的启蒙老师邓守智就是其中的一个。后来他转业到南京做了南京市摄协主席，暗房技术就是他教给我的。当时他也不太懂，全凭经验，就是把冲洗的各种药粉拿在嘴里尝一尝，在水里配配，就是这样。当时也没有真正的暗房，暗房就是一张桌子，四边用被子围起来，天黑后就躲进去冲胶片。那时他还学着抽烟，教我用香烟的微弱红光看片子，才能看出来底片是冲好了还是没冲好。刚开始什么也不懂，有的冲得好，也有的冲坏了，冲厚了就拿赤血盐减减薄，这种事情很平常。

宋　靖： 您正式开始从事摄影工作是什么时候？

晓　庄： 那是 1950 年的“五四”青年节，报社领导给我一部从国民党部队里缴获来的德国蔡司依康相机，这种相机外形扁扁的，打开皮腔才能伸出镜头，可以拍 16 张照片。

渔归 1962 年 晓庄摄

第一个任务就是去拍军部的青年团员篮球比赛，当时光圈、快门速度我都不大懂，就瞎拍，第一张照片拍的是篮球，把篮球拍扁了，因为我用了慢门，速度没调对，这是我的第一张照片。后来部队要解放舟山，要拍战备照片，因为人手不够，我就下连队去了。但是因为女同志下去的很少，我把辫子剪得短短的，塞在帽子里，像个男孩子一样。当时人的思想也很单纯，男女界限也没法分那么清楚，晚上都跟战士们住在一起，哪有现在条件这么好。当时都住老百姓家里，就在堂屋里面打地铺，大家就睡在上面，也没什么忌讳，大家都很天真，也都无所谓。

宋　靖：您能谈谈最难忘的一次拍摄经历吗？

晓　庄：难忘的拍摄经历有很多，就说摄影碰到的尴尬事吧。我有一幅作品《渔归》，曾参加 1984 年新加坡第八届国际艺术摄影展览和 1986 年美国加利福尼亚旧金山华艺摄影学会展览。拍摄这幅作品的时候，我遇到了最为难堪的尴尬事。那是 1962 年的秋天，我去启东县海复公社采访。那儿的海洋资源十分丰富，海水退潮后，渔民们都会结伴而行，背着小箩筐、拿着竹钩去拾取小海鲜。我在公社遇见海复区区委书记岑云台，他是我的一位熟人，原先在南京师范学院当老师，没想到会在他乡相逢。岑书记听了我的来意，便自告奋勇要陪我一起去海边看看。我们坐牛车赶了好远的路，看到海边有人了，我就很高兴地往前面跑，结果我还没有跑几步，前面就有人喊：“有个女的来了——”一下人都不见了，都跑了，快得不得了。我搞不懂出了什么情况，就很尴尬地站在那里，后来就问岑书记怎么回事。他说：“你不知道吧，他们看你是女的，他们都没穿裤子。因为海水是咸的，怕把裤子弄坏了。”困难时候都要凭布票买裤子，有的人仅用一块布条遮身，连短裤也舍不得穿，只有在回家时才把裤子穿上。看到一个女的跑来无处躲，就只好逃走了。后来岑书记向他们打了招呼，要大家配合我工作，才把他们找回来重新拾海鲜。我抓紧雨后的瞬间，端起相机，拍下了《海边小景》和《渔歌》（参加国展时被更名为《渔归》）。前者后来入选第七届全国摄影艺术展览，后者被 1982 年第 2 期《中国摄影》刊用，也就不虚此行了。2012 年我去启东旧地重游，到那个地方再去看看，结果那个地方现在成了旅游景点，沿途都是一排排用于发电的风车。

宋　靖：以前的拍摄条件和现在比起来应该艰苦很多吧？

晓　庄：我的拍摄条件一直非常好的，我之所以很多照片能留下来，就是因为我的工作单位新华日报社和江苏人民出版社给我的相机都是一流的，在报社时进口、国产胶卷从不受限制，到江苏人民出版社工作后，进口的柯达、富士胶卷，彩色负片、彩色反转片有任务就可领用，所以我的拍摄条件很好。那个时候能提供很好的相机和胶卷的单位还是很少的，所以人家非常羡慕我们专职的摄影人员。有一次我到无锡去拍摄，人家都非常羡慕我们的装备，他们用国产海鸥相机玩玩就很开心了。我把哈苏拿出来，不光是国内的那些小年轻很羡慕，就连有些外国游客看到我在中山陵用这么好的相机拍照，就知道我们是搞专业的，也觉得很了不起。

宋　靖：您的摄影工作经历中，有没有遇到过很大的挫折？

晓　庄：我大的挫折就是车祸啊，这件事差点儿让我不能再继续我的摄影梦！1996 年 11 月 26 日，我永远忘不了，我在周庄参加摄影展览评选，晚饭后我走在最后面，被摩托车撞了，在床上躺了两年多。后来腿稍好些再次去周庄时，我就跟他们开玩笑，我说我这个车祸是为周庄的旅游做了贡献，因为中国摄影家协会和江苏省摄协举办了周庄国际摄影艺术节，才让周庄旅游走出国门。后来去评选摄影作品的时候出了车祸，使我的

松江联民互助组秋收 1953 年 晓庄摄

摄影工作中止了一段时间。那段时间我自己很苦恼，真有种生不如死的感觉。幸而我在任《光与影》主编期间认识了全国很多摄影朋友，在病床上有那么多影友来电话问候我，还有人从深圳、北京乘飞机过来看我。影友们的关爱和帮助让我在逆境中坚持下来，是摄影给了我很大的动力和信念，摄影是我精神上的寄托。我现在脑子还挺好用，也是摄影给我带来的。我觉得摄影是其他文艺形式所无法替代的。摄影人用相机记录历史，让历史悲剧不再重演。比如抗日战争只有图片才能说明问题，文章写得再生动，画画得再好，都说服不了。日本人拒不承认侵华战争罪行，那些摄影先辈们拍摄的侵华日军血腥屠杀的老照片，就成为历史的铁证。我现在照片拍得不怎么样，但我至少记录了那个时期的一段历史。我还是感到我这一辈子很值的，无怨无悔。所以现在这么大年纪了，我还在坚持，摄影也给我的精神生活带来很大的快乐，很充实，干自己喜欢干的事。

假如我以前是有心人，我应该拍得比现在要好得多，留下的也会更多

宋　靖： 那您在“文革”的时候从事摄影工作又是怎样一种思想状态呢？

晓　庄： “文革”时，我们没有什么任务，人基本处于癫狂状态。那时候我住在报社青云里宿舍，离报社近，没事就到报社，听到敲锣打鼓声就下去拍点照片，积极参加“文化大革命”，因为自己本身出身不好，就积极主动表忠心。

宋　靖： 改革开放以后，您拍摄的方式和关注的方向和“文革”时比较有什么变化？

晓　庄： 变化很大，以前基本都是领导给你派任务，你只能按照他的命题去拍。我在报社拍的照片，都是文字记者先采访好了，我再去摆拍一遍。改革开放以后自由多了，可以抓拍，内容丰富，照片形象也生动得多。在出版社，除了每年出一些挂历和编辑《光与影》杂志外，我很自由，想拍什么就拍什么。因为我是记者出身，所以我还能随意地抓拍一些有生活气息的，现在你们看来很不错的照片，我当时没有想到要创作什么，也没想到去参加什么比赛，就是随便拍，想拍什么拍什么。

宋　靖： 您曾经讲过一句话“摄影师记录下眼睛看见的是良知，更是本能”，您是如何理解这句话的呢？

晓　庄： 我觉得我就是喜欢拍生活中的凡人小事，自己有兴趣的就拍，没有想过要怎么

样，获什么奖，只要是反映生活的都拍，比如拍山东农村即将消失的毛主席像、农村电影院，这些照片基本都是只有一张，当时觉得有点意思，感兴趣，就随手拍一张。

宋　靖：作为女性摄影师，您觉得有什么有利和不利的方面呢？

晓　庄：人家对女同志没有戒备，沟通起来比较方便。当时老百姓认为我们摄影记者是拍小照的，照相馆是拍大照的，对我们很随和。女同志拍照很容易接近领导，也很容易接近老百姓。

宋　靖：除了前面您说的那次遇到没穿裤子的渔民的尴尬，还有什么其他不便呢？

晓　庄：还有就是爬高，女同志爬高难。浙江丘陵山区有起伏，有制高点比较好拍照，江苏都是平原，没有高处拍摄，不好拍。我们当时拍摄大场面就找梯子，没有梯子就随便找自行车，自行车上面加板凳，板凳上再加板凳，有时候没办法还得爬房子。像苏南人还好，稍为开明点，苏北人很封建，说女同志爬人家房子会造成灾难。现在你们出去有汽车了，过去我们去农村，条件好点的，可以借到自行车，有时在田埂上骑，不小心就翻到田沟里。有时候我们没地方住，就住在生产队的妇女队长家里，妇女队长的丈夫回来了，我们也很尴尬。很多这种事情。

宋　靖：您后来去出版社工作了？

晓　庄：我是 1980 年 3 月到出版社的。“文革”期间我下放到南通，1979 年夏天省委书记许家屯来南通，因为我和省委领导在报社时都比较熟悉，他看到我就问我为什么还不回报社，我说我不回《新华日报》，而是去江苏人民出版社。出版社领导高斯曾是《新华日报》总编，他很欣赏我，当时他交给我的任务是恢复出版《江苏画报》。江苏没有画报责任在我，当时我持极力反对的态度，因为《新华日报》是党报，还能够有时效，而画报出版比较迟，新闻本来看的人就不多，跟在传统的新闻报纸后面，很难产生价值，还是别办了吧。高斯对我也蛮支持。后来就创办了《光与影》摄影艺术杂志。省里办全国性摄影刊物，当时在全国也是头一次，摄影界有些人当时并不看好，但我们还是坚持创办下来了。为什么叫“光与影”这个名字，这和我的摄影观念有关，我希望摄影是唯美的、纪实的，照片能够拍得耐看点，读者能更喜欢一些，我是从这个角度考虑的。《光与影》杂志的风格和内容还是比较正统的，在全国有点影响力，后来由于种种因素而停刊了，真的是非常可惜的事情。

宋　靖： 您当时怎么想到办这本杂志呢？

晓　庄： 因为我不想办画报，对画报没兴趣，我就开始办《光与影》艺术杂志，但是没有省里面对画报的重视，没有省里给的钱也办不了。出版社领导高斯支持我，否则，我也办不了杂志。

宋　靖：《光与影》更多地在普及摄影艺术，告诉读者摄影是什么，摄影艺术是什么。

晓　庄： 对啊。

宋　靖： 那它的意义更主要在摄影教育上吗？

晓　庄： 不是，我是提倡从光与影的角度拍些好东西，所以现在有些人在这方面对于我还是肯定的，就是新闻照片也能拍出理想效果，也有好的作品。我觉得以前新闻照片拍得太枯燥，应该拍得更精彩，从生活方面多捕捉一些精彩的画面，着重反映一些生活的事情。当时我们搞些比赛、活动就是这么来的。

宋　靖： 您记忆最深的一本出版物是什么呢？

晓　庄：《红相册——晓庄摄影手记》，2011 年由人民出版社出版，这本书收录了我撰写的 105 篇图说历史的文章。

宋　靖： 您过去或现在有考虑过当一名摄影老师吗？您对现在学摄影的年轻人有没有什么建议？

晓　庄： 现在是全民摄影年代，更要加强摄影队伍的建设，更要重视对摄影人的职业道德和品德的教育，在深入生活中拍摄出传递正能量的摄影作品。我没想过当摄影老师，但觉得现在的年轻人学摄影也还是要踏踏实实地下苦功夫，勤奋学习，踏实苦干。

2015 年夏天我为浙江省摄协主席吴宗其写了篇参观千岛湖摄影作品展的观后感文章，我觉得他拍得很精彩，虽然用的相机很差，但他深入生活用心去拍，真正抓住了当地的风土人情、民俗习惯，所以现在才能留下来。所以即使相机再好，如果不好好熟悉生活，拍出来的照片也一点意思都没有。我跟他们开玩笑，我现在成了一名业余摄影者，就用数码傻瓜机。

宋　靖： 那您对现在的摄影教育有什么看法呢？

晓　庄：我们当时的导向对风光摄影很重视，人们拍得比较多，而真正脚踏实地从生活方面深层次反映和关注一些人物的少，所以现在提倡更多专题深入下去，摄影价值才能体现。

我希望能够加强对中国摄影史的研究，现在都是口头上的研究，干实事的人太少。我曾经在江苏省摄影家协会开理事会时讲过，当下在重视征集历史影像的同时，要积极抢救省内各地老摄影家留存的珍贵资料，不要留下太多的遗憾，不要等人离世以后，才说成是摄影界一大损失。尽管现在条件很好，我们讲有很多摄影大师、文化大师，但正儿八经出来作品，能经得起推敲的有多少？真的，现在留下来的传世的作品有多少？能让人有印象的作品有多少？我觉得高校真的应该提高一下学生摄影素质方面的教育，让他们实事求是从基层好好去学，甚至到生活中去学，不要盲目去跟风。我很讨厌现在的组团采风，我觉得摄影人还是得以小见大，去拍一些反映人文景观、人们日常生活的照片，将来才有历史价值。

另外还有一个情况，就是现在外来的和尚好念经，国外摄影师及其作品总是比国内的香。他们讲你老太太在南京没把你当回事，我也无所谓，我也不要人家把我当个什么事，将来谁是大师要靠作品说话。我当年不少照片是无意当中拍的，假如我以前是个有心人，我应该拍得比现在好得多，留下的也会更多，我觉得我自己还没做到这一点。

宋　靖：*您对现在摄影作品版权侵权这方面有什么看法吗？*

晓　庄：网络侵权太厉害，画册出版、办影展后，就有人把照片扫描发到网上，不征求作者意见，也不署名，到处乱发，维权很难。所以我现在很排外，对有些媒体我一般都是谢绝。我已经是大半截入土的人了，真的无所谓宣传与否，我说我是愉快地过好每一天，我不在乎名利，我无所谓。

坎坷的人生经历让我变得很要强

宋　靖：*在父亲去台湾之前，您的家庭生活是怎样的呢？*

晓　庄：在他去台湾之前，我已经参加游击队了。我姐姐是地下党，是共产党。我父亲是国民党，他是国民党一个区的区长。

我出生在一个封建官僚大家庭，我祖父在时，蒋介石都喊他先生，我祖父去世的时候，我们还小，但我还记得，蒋介石派人送了好多钱，还送了一块“忠孝传家”的

南京白下区卫生院为儿童体检 1953 年 晓庄摄

南京长江抗洪抢险大军 1954 年 晓庄摄

牌匾，搞得很隆重。祖父跟着孙中山闹革命，在上海好像支持过孙中山，跟蒋介石打过交道，就是这种关系。所以蒋介石在位的时候，奉化人当官的很多，他的贴身侍卫就是奉化人。我三叔父当时就是蒋介石的侍卫官之一，我父亲去台湾就是我三叔父给带走的。

我姐姐是地下党，因为家里重男轻女，当时还有个老太太经常跟我开玩笑说，要不是她保我下来的话，我已经被他们扔掉了。因为家里女孩太多了，三个姐姐，中间还死了一个。男孩少，男孩两个，我的两个哥哥。所以我上到小学毕业的时候，差一点就上不了学，就因为这个封建的官僚大家庭。我父亲从甘肃带了一个小老婆回来，这个小老婆生了一个女儿，家里需要保姆，就不让我上学了。当时幸亏我姐姐参加了地下党，她已经工作了，在宁波教书，姐姐资助我上杭州师范，师范学校不要钱，要不然我学都上不了。当时大家都追求进步，我 16 岁，在杭州读书，什么也不懂，姐姐派人来把我接走。当时我们走的时候是有危险的，在我们前面就有一批人被国民党抓走以后就活埋了。后来我跟杭州影友开玩笑，说如果当时的报纸还能找到的话，就能看到报纸上通缉我们。当时我妈妈快哭死了，就知道我逃走了。所以父亲走的时候，我已经当兵了。

宋　靖：当时您父亲是国民党，姐姐是地下党，您内心矛盾吗？

晓　庄：父亲肯定不知道我姐姐是地下党，他要知道能不去镇压吗？不可能让他知道的。姐姐是山区游击队的，在小学里面当小学老师，她工作了。

宋　靖：南京大屠杀的时候您大概多大？

晓　庄：那时我才 4 岁，不在南京。我当时知道的就是有日本人骑马从我们农村经过，我看到过。

宋　靖：您父亲去台湾的时候，您已经在部队了，当时有人对您的这个家庭关系或者说您的出身背景有疑问吗？

晓　庄：我们都是主动交代的，不敢隐瞒。包括我母亲生病时，我已经到部队了，去曹村看我母亲的时候，父亲还没逃走，但那时候农村还是蛮紧张的，有土匪活动，我老家在奉化的山区里，回宁波要翻山越岭，怕碰上土匪不安全。当时他手上有枪，就给了我一支枪，说是让我在路上防身用。其实那会儿我还不会用枪，但就这样我带了一支枪回部队。幸亏当时我回部队后就把枪交了，并拿了收条寄回家。后来我在《新华日报》时是“运动员”，就是有各种政治运动的时候都要查查我。所以我愿意往农村跑，因为在农村我就解放了。

记录社会日新月异的变化，我觉得意义非常重大

宋　靖：现在技术革新那么快，您对摄影方面的新技术有什么看法呢？

晓　庄：时代进步科技发展是好事情，我也赶上了好时代，要不是赶上了这个高科技的数码时代，我的照片也整理不了，这是高科技给我带来的一些好处。所以现在年轻人能做到的我也尽可能在学，我自己上网，发微信，扫描底片、照片，我有很多的照片整理到了 iPad 里面。

宋　靖：您大概什么时候开始接触电脑、学电脑的？您之前说自己的书都是自己打字录入的？

晓　庄：大概 2000 年我就开始学电脑了，已经十几年了。现在最怕电脑出问题，好在我有电脑老师张成军，出问题的时候他都能帮我解决。学习电脑我用笨办法，一二三四五，第一步怎么做，第二步怎么做，第三步怎么做。他教过我一次，我就用纸条记下来，第二次我就自己弄了。我现在还有个大的苹果电脑，除了手写不方便，其他都还好。写书稿时我买了个手写板自己写，就是很慢，拼音我记不住。

宋　靖：您从什么时候接触航拍的？

晓　庄：我在 20 世纪 60 年代就接触到航拍了，那个时候就有飞机用于航拍，还有直升机，我们都上过。现在航拍的小飞机我都不玩，那是年轻人玩的玩具。我现在时间有限，没精力弄那些了。

宋　靖：如果您年轻一些，那现在这些新技术新东西您愿意去尝试吗？

晓　庄：那我肯定愿意去弄的。

宋　靖：您小时候的生活和经历，对您日后的摄影创作有什么样的影响呢？

晓　庄：肯定是有影响的，我很好强。我现在看到小脚老太都觉得可怜，我觉得我赶上

江苏太仓浏河儿童团习武 1965 年 晓庄摄

女电犁手张红芳 1964 年 晓庄摄

了一个好时代。我不管在哪儿都觉得女的不比男的差，后来他们都说我这个小丫头挺厉害的。在部队再苦再难我都挺过来了。当年大炼钢铁的时候，铁火花都往身上飞，我们当时穿的人造棉的裙子烧得全是洞，因为没有望远镜（长焦镜头），我们的照片都是近距离拍的。

宋　靖：您现在80多岁了，还在坚持摄影，是什么在支撑着您创作？

晓　庄：现在我从来不说我在创作，我就是在记录我眼前看到的一切。我觉得有值得记录的就把它拍下来，不值得的我就不拍。我就是记录社会日新月异的变化。我现在在编江苏人民出版社列入选题的《穿越中国》图文集，觉得这个意义非常重大，都是我和影友们一起拍的，新旧照片一对比就觉得是两个时代、两个世界了。所以我觉得摄影的艺术价值是其他艺术形式不能替代的，这也是我的心愿。摄影也给了我很大的动力。虽然我腿脚不便，但摄影一直支撑着我拍到现在，我把摄影作为终生的工作，无怨无悔。

在灵魂居住的地方等你

杨延康

自由摄影师
法国 VU 图片社签约摄影师

- 1954 年生于贵州安顺，现居广东深圳。
- 1984 年到深圳。
- 1988 年在深圳、陕西、贵州举办个人作品展并出版《杨延康陕北》作品集。
- 1992 年作品参加德国“在城市的那方——中国乡村”作品展。
- 1995 年作品参加日本东京都写真美术馆举办的“跃动的亚洲”作品展。
- 2001 年在中国台湾视觉艺术中心举办个人展览，同年获山东一品国际摄影节年度基金大奖。
- 2002 年作品参加法国 14 届 VISA 国际摄影节展览，同年获韩国东江首届国际摄影节最佳外国摄影师大奖。
- 2004 年《中国乡村天主教》在中国平遥国际摄影大展参加展览。
- 2005 年获德国《明星》周刊、《GEO》德国国家地理杂志“亨利·南恩”（HENRI NANNEN PREIS 2005）摄影大奖。
- 2007 年 7 月作品《藏传佛教》在上海美术馆展出，20 幅作品被收藏，同年 5 月获首届沙飞摄影奖，50 幅作品被广东省美术馆收藏。
- 2008 年 5 月出版《藏传佛教》作品集，14 张图片被雅昌艺术馆收藏，同年作品《中国乡村天主教》参加“中国洞察”七人年展，在美国及欧洲各国展出，历时四年。
- 2010 年作品参加中国香港“四度空间——两岸四地当代摄影展”，同年作品《藏传佛教》在新加坡 LEICA 艺廊展出。
- 2012 年获第二届“徐肖冰杯”全国摄影大展典藏大奖。
- 2013 年作品参加北京国际摄影双年展，同年德国威兹拉 LEICA 总部展出杨延康“藏地”摄影展。

抱鸽子的女尼 2006 年 四川（选自《心像》）杨延康摄

讲评：

杨延康是一个传奇，他是一个为梦想而活着的人。他一开始当过机修工和搬运工，他不知道自己会不会摄影，也没学过摄影，最后当他拿起相机去拍摄的时候就一发不可收拾。杨延康将来在中国摄影史上一定是有位置的，因为他用生命中的30年记录了三大宗教。他不惜一切用生命的全部来诠释他的创作。现在我们通过他来聊聊对自我的正确认识和人生规划。

2008年，我的《行走中国》去深圳雅昌展览，认识了他，他说他第二天去西藏要在那里待一个冬天，第二年才回来。他这么努力拍摄是为了什么？当时影展上有一位深圳著名的商业摄影师，他很崇拜杨延康，想和他学习。杨延康到深圳做摄影时想拍商业摄影，每次竞标总竞不过这位摄影师。杨延康就觉得自己不适合做商业摄影，才开始做纪实，并一直坚持下来。后来，杨延康对那位摄影师说："应该是我向你学习，如果不是你当年把我打败，我也不会开始做纪实摄影。"那位摄影师说："虽然我在商业摄影领域成功了，但你（纪实摄影）是我的理想。"这就是纪实摄影的魅力所在。这也告诉我们：人生的道路在哪里转弯你并不知道，到我这个年龄会发现随遇而安是最好的。

我能体会他的精神世界非常丰富。像他这样去全身心投入和体验，大部分人是做不到的。2008年我见到杨延康的时候他被确诊为癌症病人，他做完手术后，就奔西藏了，现在他已经痊愈了。他在深圳有个工作室，有暗房，有两个人帮他做后期。他拍那些作品是因为觉得对照片中那些人是有情感的，他觉得和那些人是有心灵互动的。他的习惯和心态在与那些人相处的过程中都得到了提升。他没把那群人当作拍摄对象，而是当作身边的人，和他们生活在一起，慢慢去体会他们的生活状态。他会说："我挺喜欢和他们待在一起的。"

杨延康访谈

摄影的这勺水让我的种子发芽了

宋　靖： 请先谈谈您开始是怎么接触到摄影的吧。

杨延康： 谈到摄影，首先是非常感恩，它是我人生中非常重要的一部分。我 1954 年出生于贵州安顺，父亲是名抗战老兵，山东人，母亲是湖北流亡出来的学生，后在云南战地医院当护士。抗战结束后，父母都从云南来到贵州安顺。我们家兄弟比较多，所以从 17 岁开始，我就没读书了，进了织袜厂做机修工。但是自己骨子里有对艺术的热爱，对文学的热爱。在安顺文化馆，我们成立了文学小组，每天晚上去文化馆上夜习，谈文学，谈诗歌，还写小说。当时我写的小说还在《安顺文艺》上发表过。

重要的是，我的老乡李媚在北京的《大众摄影》工作了一段时间，回到文化馆给我们文学小组讲课。她是通过一种摄影的方法来讲课的，她讲的是构成和视觉关系。这次讲座对我影响非常大。1984 年，有一次机会，一些机械工程兵在我们工厂修厂房，随后要集体转业到深圳。深圳当时是一个新兴的城市，对我们来说挺有诱惑力的。于是我就把织袜厂的工作辞掉了，去参加安顺地区的一个厨师培训班。我在一个宾馆培训了三个月，后来就去了深圳。那里的福利公司跟安顺合作办了一个酒家，我就在那里做白案师傅。这个日子我记得很清楚，是 1984 年 12 月 31 日。当时这个酒家还没有对外营业，深圳大学培训来学建筑装饰的领导、经理，他们在这里吃住，我们就给他们做后勤。每天下午要准备 200 多斤的面粉，要揉，做很多馒头、花卷，还要熬粥，早上起来要给这些学员开早餐，干了一个多月。因为李媚是贵州人，有一次贵州安顺搞一个运动会，李媚很优雅地披着一头长发，挎着一台海鸥 4A 相机拍照，很风光的那种感觉，我当时对她印象很深。1984 年 4 月她在深圳《现代摄影》杂志当主编时到酒家来看老乡，我见到她后对她说：“李老师，我在安顺听过你讲课。”她说：“哦，你喜欢摄影吗？”我说：“我喜欢摄影。我的照片还在安顺的一个工人展览上获了三等奖。”其实现在看这张照片，非常幼稚，就是一个小孩儿躲在树后面伸出头来，题目叫“我在这”。就是一张表达生活情趣的照片，拿了三等奖，还参加了展览。当我第一次看到自己的照片在工人文化宫展区挂着，就感觉自己对摄影还是有点感觉的。

当时我就问：“李媚老师，你们杂志需不需要人？”她说刚好需要一个搞发行的，就让我去。我在深圳刚干一个月厨师，马上就要离开，公司培养了我三个月，所以对我有很大的意见，说我走可以，但是暂住证必须收回来。那时在深圳必须有居住证或者暂住证，否则是待不下去的。我说没关系，干干脆脆地就去了《现代摄影》杂志。去了以后就住在深圳基建工程兵的一个宿舍里面。有人回家探亲我就睡他的床铺，过了一段时间这个人回来了，我就像打游击一样睡另一个人的铺。那时候我没有床铺，杂志社也没分房，每月工资很低，300 多块钱，但是做发行开启了我对摄影的认知，是李媚老师用摄影这勺水把我这个种子种活了。

编辑部大量的稿件投过来，李媚老师经常说：“小杨你把这些稿件打开看一下，哪些是你喜欢的，哪些是你不喜欢的，你为什么喜欢，你为什么不喜欢，你谈一谈。”到礼拜天呢，她就借一台相机给我，编辑部的一台徕卡 R3，说：“你星期天去拍照片，回来看看，希望你不要主题先行，可先从形式的角度进入，找点的关系、面的关系、线的关系。因为影像是有结构、有关系的，形式加上主题，这是照片语言。”后来我拍一些负片回来给李媚看，这样就知道了点、线、面的关系，便开始从影像形式进入主题。这些让我对摄影有了些初步的认识。非常荣幸的是，这本杂志当时在中国非常前卫，办得很多元，像刊物中的“光影档案”栏目，刊登的是李媚从香港和国外的摄影家那里搜集到的资料，发了很多小图，可以从中了解到这些摄影师是怎么拍摄的，这在中国是非常了不起的事情。刊物当时还发了一些像上海的“北河盟”、北京的“裂变群体”这类很多元而又有关联性的照片。在杂志社工作时，每年我有探亲假 20 天、创作假 20 天，我没回老家去看父母亲，而是去了陕西。陕西是侯登科、胡武功、潘科、石宝琇等老师居住、工作的地方，他们当时是杂志的订阅者和作者，他们不断供稿，除了提供图片，还有一些摄影理论文章。

记得李媚说：“你可以去陕西西安找胡武功、侯登科。”我就去找了胡老师，因为他的介绍我认识了石宝琇老师。在这几位老师的影响下，我慢慢有了对纪实摄影的认识。后来我跟他们一起去了陕北，拍些民俗的东西，拍了 10 天回来，就把这些照片整理一下，给李媚看。记得 1989 年快过年时，我在侯登科老师的家乡陕西凤翔，骑着单车去拍一些过年村民们准备年货的场景。也就是从那时起，我开始拍摄“乡村天主教”的专题，而且一拍就是10年。

转眼之间我来深圳也有10年了，深圳是不相信眼泪的，1984年进深圳，10年以后还没找到自己的方向，那是非常失败的。当时我问过自己：你到底要什么，是物质吗？你有10块钱，别人就有100块钱，你有100块钱，别人就有1000块钱，金钱永远就是一个数字，永远赶不上趟的。后来我想明白了，于是回到深圳之后，离开了《现代摄影》杂志，和一个朋友成立了一个小公司，叫“真实摄影有限公司”。我在深圳搞商业摄影不是想赚多少钱，而是想靠商业摄影赚的钱来支持我的纪实摄影。我在深圳也拍过王石、招行银行的马行长这样的企业家。挣的钱我不是去买楼房，也不是买汽车，我买了相机，今天买支镜头，明天买个摄影包，后天买个胶卷，就这样慢慢积累起来。这样我就成了一个自由人，自由摄影师，我的工作状态是自由的，我的心是自由的，我的创作也是自由的。我很感恩生活中有人给我这些微薄经费，让我得以一步步地迈向我的理想。

就这样我一个月回到深圳挣些钱，之后又回到陕西拍摄。那时根本没想过要多挣多少钱，就是够生存就行。这样10年下来，我拍摄了一批比较全面的关于陕西乡村天主教的照片。摄影之路上有几位导师我很感恩，第一个是李媚，这是刻在骨子里不能忘记的；开始拍照之后，又认识了侯登科、胡武功，都是当时中国纪实摄影的先锋式人物。认识他们让我没走弯路，直接就走上纪实摄影这条路。

到2001年结束乡村天主教拍摄的时候，平遥摄影节开始举办，我就去了。去了后就碰到了高波，他带了法国VU图片社总裁克里斯蒂·葛约尔过来。VU图片社当时仅次于马格南，他们提倡摄影的个人化、艺术化。当时我做了个小明信片，我拿给葛约尔看。他也是一个天主教徒，说：“杨，你的作品很好，能不能和你签约？”我当时对VU一无所知，第二天他就让图片社从法国传真过来一份签约书，高波做翻译，我很快就和他们签约了。我觉得这样能让我的摄影走得更远，能让我的照片被西方人了解，让他们知道东方人在拍什么，是怎么思考的，怎么拍摄的。葛约尔和我签约之后就给了我400美金，让我继续拍天主教专题。平遥摄影节结束后，我就回到了陕北。那年平遥摄影节还有一个很好的机会，VISA摄影节的主席看到我的作品，就说：“杨，你的东西很好，我们2002年请你去法国14届VISA摄影节做一个专题的个展。”我是VU图片社全球第41位签约摄影师，也很有幸地成为2002年法国佩皮里昂VISA摄影节一个独立单元的参展摄影师。这样稿费寄过来，我和图片社对半分成。有了这些经费，我就可以更多地拍我喜欢的照片，不为生存发愁了。

治疗室的墙上，挂着两块住院病人情况的大黑板 2008 年 杨延康摄

阮姑娘已经在大衾岛上为麻风病人服务 6 年了，除了给他们做治疗，服侍他们外，还教他们唱圣歌，以此来驱除这个海岛的孤独与寂静 2008 年 杨延康摄

一位麻风病人修了一条长满荒草的路，迎接来看望他们的爱心人士 2008 年 杨延康摄
（以上三图均选自《麻风病村》）

宋　靖：2003年到2013年您又拍摄了《藏传佛教》，这中间您还拍摄了麻风病村，您去拍麻风病村的时候，是不是也是一种给他们传教的过程？

杨延康：那是在2008年的时候。当时麻风病人活得非常悲苦，他们与家人和社会几乎是隔离的。我的一些朋友想拍纪录片，就问："老杨你去不去，我们要去台山大衾岛的麻风病村。"我说："去看看。"当我们进去以后，看到全村的几十位老人，都是没有钱去做假肢，用一个木头做的假腿撑着，拄着拐杖，叮咚叮咚就过来了。其实他们很希望外人去看望他们，去进入到他们的生活里，通过我们的报道让社会给他们一些帮助。有外国来的修女住在广东大衾岛去服侍他们。因为天主教有个德兰修女做榜样，照顾麻风病人是她们圣德的考验。广东位于亚热带地区，有60多所麻风病康复村，全国60%的麻风病人都在广东，可能是因为这个温度适合麻风杆菌生长。我和深圳的记者陈远忠这半年每到礼拜六就跟着迷似的，买张班车票就去麻风村了，他记录文字我来拍摄。后来过了一两年，照片在《光与影》杂志发表过，在《中国摄影》上也发表过，而且发表在了封面上。这些病人如同被流放到西伯利亚一样，平时都没人进来看他们，一个星期送点菜进来，能吃到猪肉就是很幸福的事情。要把一条路的草挖开以后，车才能进来。慢慢地有些麻风病老人的年纪也很大了，死一个埋一个，死一个烧一个，剩下的病人不多，就把这个麻风病村合并到另一个麻风病村去了。

宋　靖：后来年轻人没有人得这种病了吧？

杨延康：麻风病现在能治好了，有一种药"利福平"，通过联合化疗就能治好。但麻风病能治愈了，癌症能治愈吗？还有很多疾病能治愈吗？所以我觉得上帝在开玩笑，用疾病去考验人类，告诉人类永远不要自以为是，要懂得感恩、敬畏。我拍了大半年的麻风病村，虽然几张照片只在几份杂志上发表，没有给他们更多的帮助，但是对我来说也是一种抚慰，要记住苦难，记住苦难才能记得幸福的生活。有一年我在电影学院做讲座，就从苦难开始，别人问我："杨老师你是不是有个嗜好，特别喜欢苦难？"我说："这个不是嗜好，可能我的幸福是建立在苦难之上的。"他们觉得很诧异，我说："我经历了苦难后会更加珍惜幸福。"而且我拍这些苦难的东西，都是采用纪实摄影手法，拍这些照片，让更多人看到，或许能给他们带来一丝关爱。其实好的纪实摄影我觉得应该有人性，正是苦难让我对信仰的认识更深刻了。我一直感恩摄影，它让我找到了人生的许多价值，所以一直很感恩李媚、侯登科等老师。现在我是自由摄影师，不用为生活担心。生活简单一点，弄清自己到底想要什么，把更多的精力和有限的经济投入到爱好、理想中去，我觉得就会很幸福。

活在当下，拍在当下，不要拘泥于旧有的表达方式

宋　靖：*第四届侯登科纪实摄影奖曾引起广泛争议，您也牵涉其中。谈谈对那次获奖者及其作品的看法吧。*

杨延康：第四届侯登科纪实摄影奖的获奖者中有个叫徐慧芳的西安理工大学刚毕业的女生。她拍摄的是郑州、陕西等很多地方的大学城，拍得很有特点，是一组不同凡响的景观照片。徐慧芳拍的大学城，使一个文化之地变得权利、荒诞、无序。但很多人对获奖作品有质疑，说："侯登科已经去世了，现在获奖的这些作品是纪实摄影吗？"我觉得应该活在当下，拍摄的方法和表达的方式都是在发展变化的，你不可能像布列松一样，不可能像马克·吕布一样，还那样去拍摄"过去时"的纪实摄影。活在当下，就应该有当下纪实摄影新的表达方式。

另一个获奖者李政德也是一名自由摄影师，以前在杂志社工作过，后来自己干，给一家公关公司拍一些婚庆、年会之类的活动，同时他自己拍摄一些人们在那些活动中的表现，那些表现暗示了新国人的一些心态，拍了几年，拍得很有趣，也很有意义。所以拍摄的方式是随着时代变化的，要有当下的眼光和思考。现在年轻摄影师喜欢用数码相机，他们可以快捷地抓拍到符合他们心灵表达的瞬间，他们不会像布列松、马克·吕布用长期的黑白方式来表现，他们只要表达了当下的东西就够了，过几年后他们观察的方式变了，拍的东西也变了，但只要坚持拍就一定会成功。

宋　靖：*您还拍过老兵题材，这个题材以后还会继续拍吗？*

杨延康：老兵题材是我在拍西藏的过程中抽空拍摄的。因为我父亲也是一个老兵，父亲去世后，我就从未停止过自己的脚步，一直在拍照。当我四个月后从藏地回到深圳，看到我的团队在为老兵们做事，我很高兴。这些老兵为国家和民族做了很大贡献，但自己生活得很悲苦。我们去关爱老兵，想给他们一点帮助，但我觉得在这个过程中其实是他们在帮助我们，我们暂时能做的就是给他们一点钱，而他们让我感受到了一种坚韧的精神。几年前我和章东磐、孙冕等老师去了云南的高黎贡山，我们共同写了一本书《父亲的战场》，照片全是我拍的，我们翻越了高黎贡山，那里是"二战"中海拔最高的战场。

宋　靖：*在哪里？*

杨延康：在云南腾冲。要走三天，那些路都是骡马道，当年日军占领高黎贡山，攻打腾

冲攻了好几年。那些战争留下的痕迹犹在，比如那些弹坑，让我想象到那些战争是如何打下来的。这些老人为我们的国家和民族付出了这么多，他们是有功德的，只不过他们被人们误读了，所以我觉得在关爱他们的同时，我们有责任去帮助他们。拍完《父亲的战场》以后，我就继续拍西藏系列，直到 2013 年端午节前，深圳、广州的志愿者们自发去湖南宁远县拍老兵。我们分为两个小组，一个小组去找抗战老兵，贴了很多寻访老兵的小广告，让老兵们去登记；另一个小组有我和另外两个队员，以拍照为主。我想通过拍摄老兵来帮助他们，出一套收藏级的 12 张照片，签上字后，用义卖照片的钱捐给老兵，帮助他们生活。去了以后，我们用 5 天时间拍了 15 个老兵，还拍了一个老兵睡过的幔帐、一棵老兵回家途中长了一百多年的大树、一个老兵坐过的轮椅。我不能全拍人，人和物都是与生命有关联的，是有温度的。

当时我们去一个村庄找到一个抗战老兵的家，到他家后发现客厅没人，其他几个房间里也没有人，后来在厨房后面的一个小屋里发现老人躺在床上，蚊帐旁边有老鼠做了窝，锅里的剩饭都长霉了。志愿者们流着泪给老人擦洗身子，换被单等。我们把老人搬到了一间卧室里，又给他买了棉被、衣服、洗漱用具，同时告诫老人的儿媳妇：“你要对老人好点，我们以后会经常来看望，每个月给老人 500 元生活费。”儿媳妇说：“不是这样的，我们把他放在小屋里是因为他打我，他说他的几千块钱不见了，怀疑是我给他换衣服时偷走了，就用拐棍打我。”我说：“老人 90 多岁了脾气不好，你还是忍耐一下，他打你应该是个误会，你不要这样对老人。”第二天我们再去看他，结果发现儿媳妇又把老人赶到小屋里去住了。气得我们又把他扶出来，老人的脚细得快无法支撑自己的身体了。然后我们又劝说儿媳妇很长时间，她才慢慢地对老人好一些。但现在老人的生活状况到底是什么样的我们也不知道。所以这段经历更加坚定了我通过拍照来帮助老人的信念。

宋　靖：这个选题您还会继续拍下去吗？

杨延康：我不会按一个主题来专门拍摄，我会在参与志愿者的活动中拍摄。

宋　靖：您对自己的艺术之路规划得这么清晰，我想可能再过一百年，三大宗教题材的专题作品将会是您留在摄影史上最重要的三部作品。

杨延康：这个还是看自己的努力吧，人的生命是有限的，但怎样把有限的生命表现在自己的作品里，从而使自己的生命得以延续，这是我追求的。

一棵生长在老兵邱桂生回家路上的百年老树。这棵树看着邱桂生离家参军，迎接他卸甲归田。如果说年轮是老树的生命轨迹，那么这老树便是89岁的邱桂生的历史见证人 2013年 杨延康摄

老兵邱桂生的乐观眉毛。当年在高黎贡山输送粮食和弹药的小伙子如今年岁已高，白发已苍苍，眉毛也越长越长，不变的是老人乐观的心态与开朗的笑颜 2013 年 杨延康摄

（以上两图均选自《抗战老兵》）

用艺术去抚慰灵魂

宋　靖：能跟我们聊一聊做完肿瘤切除手术后，您觉得精神在战胜病魔的过程中起到了什么作用？

杨延康：这个其实也不是那么复杂。昨天晚上我还跟北京的一位心血管科主任医生聊天，他给很多国家领导人做过心脏手术。他说他去过西藏，当时看到大昭寺门口很多藏民在那里磕头。我说其实从医学上讲他们磕长头也是在锻炼身体，但这是信仰。你不在那个几千多米高海拔的地区生活，就不知道在高海拔地区生活的人需要信仰。很多人会从藏区磕长头磕半年来到大昭寺门口，向佛祈愿，然后磕两万个大头，为什么？因为他觉得磕这两万个大头以后佛会给他赐福，给他吉祥，会让他们家里很平顺。

2005 年我知道了西藏有个香浪节，2006 年我准备去拍之前检查身体，就发现了一个肿瘤块，医生说可能是良性的也可能是恶性的，要马上手术。我说："过两天我就要去藏区拍照了，做了手术我就走不了了。"医生说："如果你不做手术，万一是恶性肿瘤，就会转移到其他地方，很危险。明年还有香浪节，做了这个手术之后你还可以去。"我觉得挺有道理的，就住进深圳第二人民医院，很快就安排了手术。第二人民医院的刘主任是我的好朋友，他是做乳腺癌手术的，跟我这个手术是没有关系的，我做手术的时候刘主任刚好没有手术，我进到手术室麻醉以后，他就坐在我手术台旁边，摸着我的头说："大哥，不用紧张，很简单的一个手术。"刚要做手术我的电话响了，他就把电话给我了，说:"你是唯一一个做手术还通电话的病人。"手术时他摸着我的头，我就感觉像父亲从母腹里又一次把我接出来，唤醒了我第二次生命，心里面有很多感触，这种感触一定要在你生命最垂危的时候有个人给你一种抚慰，你才能感觉到。手术做了一个多小时，出来以后，一出电梯发现外面等了好几个朋友，当时也让我很感动。我的病是恶性肿瘤，每天要去接受化疗，深圳的朋友周维在一个月里，天天准时接我去医院，也让我十分感动。你重要吗？你就是宇宙中的一个小分子，一个简单的人，但是就因为你的作品让别人看到了，你的所作所为让他们喜欢你，才有这样的人来关爱你。昨天晚上我还开玩笑说，我去做化疗的时候，机器声音是"嘟"进去，又"嘟"出来，当时我就感觉自己好像在草原上，那些喇嘛在吹法号，做法事，我的心是在草原上，在法会上，能听见喇叭的声音，一模一样。这一个月做化疗后就好了。

其实拍摄中更多的人物感情是超然于照片之外的。比如每年大枣收了，一位教友都会寄一包大枣给我。记得有一年，这位教友从陕北去山西收大枣，坐在装大枣的拖拉机上，司机转弯的时候发现人不见了，原来人掉进沟里了，脑袋摔成内出血，肿了很大一块，昏迷了一个星期。他醒来第一件事就跟婆姨说："打电话给杨大哥。"我后来上陕北去看望了这个教友。

记得我腰椎间盘突出，也是去做一个检查，药物反应很严重，差不多也是感觉快要走了，神父都给我做了"临终圣事"，但还是活了下来。我去了西藏，一个人到处行走，海拔这么高，自己的心灵回到佛的这块净土，觉得很安定，做什么事情都懂得感恩，善待每一位朋友，感觉有机会将有限的生命化成一张张照片，延续生命，也很有价值。其实那个病对我来说也没多大的问题，我觉得只要是能背包接着往下走，就没什么影响。

宋　靖：是啊，您讲得非常好，把您的人生感悟和您的作品结合起来，我觉得可能对那些在做人做事上纠结的人有很大的启发。

杨延康：我们总是在寻找生命中的一些东西，艺术给了我们精神更多的补充。我拍纪实，我选什么题材来拍，坚持拍几年，怎么来梳理，怎么拍摄，人类学和社会学是怎么调查的，用文字怎么表述，都是我要考虑的。其实我有很多日记，去西藏 4 个月出了一本日记，里面记录了我理解的和我不理解的一些事情。

宋　靖：我就觉得您的生命、您的摄影过渡得非常好，整个拍摄是在享受人生，实际上摄影只是您简单生活的一种方式，您生活在那个地方，您每天在具体地做一些事情的时候，心里也是非常平静的，我觉得这是选择生活方式的一个办法。

杨延康：北京有一个叫周海的摄影师，有一年我们一同去西藏拍摄，从一个寺院到另一个寺院的途中，我们在一段沙漠地带等车，阳光很强烈，也没水喝，又累又饿，这时我们看见沙漠中有一棵树，奇怪地长在那里，我们就赶快走过去乘凉，等便车过来。等车那条路是一条废弃的公路，人很少，没有班车，也没有其他的便道走。我们来到那棵树下，我感慨地说："周海，你看这棵树，它就长在这荒漠中等我们去乘凉，我们应该感恩它，并不能认为它就应该给我们乘凉，生命中的很多事情又何尝不是这样呢！"我们就这样聊天打发时间，突然就来了个大车队，我们准备去拦车，结果刚好有辆车车胎爆了停下来修车，我们就上去打招呼，说我们是来这边拍照的，能不能把我们带到前方的寺院去。他们同意了，在天还没黑的时候就把我们带到了该去的地方。所以一定要有一颗感恩、慈悲、宽容的心，把心放平静了，学会珍惜，每个人都很美好。

图书在版编目（CIP）数据

中国纪实摄影家成长实录. 中卷 / 宋靖著. -- 北京 : 中国摄影出版社, 2017.3

ISBN 978-7-5179-0592-9

Ⅰ. ①中… Ⅱ. ①宋… Ⅲ. ①摄影家—生平事迹—中国—现代 Ⅳ. ①K825.72

中国版本图书馆CIP数据核字（2017）第048993号

中国纪实摄影家成长实录（中卷）

作　　者：宋　靖

出 品 人：赵迎新

策划编辑：郑丽君

责任编辑：丁　雪

封面设计：冯　卓

出　　版：中国摄影出版社

地址：北京市东城区东四十二条48号　邮编：100007

发行部：010-65136125　65280977

网址：www.cpph.com

邮箱：distribution@cpph.com

印　　刷：北京方嘉彩色印刷有限责任公司

开　　本：16开

印　　张：18.75

版　　次：2017年4月第1版

印　　次：2017年4月第1次印刷

ISBN　978-7-5179-0592-9

定　　价：78.00元